U0650073

外贸跟单与出货验收

从入门到精通

邱云生◎编著

中国铁道出版社有限公司
CHINA RAILWAY PUBLISHING HOUSE CO., LTD.

图书在版编目（CIP）数据

外贸跟单与出货验收从入门到精通 / 邱云生编著 .

北京 ： 中国铁道出版社有限公司，2025.1. -- ISBN 978-7-113-31592-4

Ⅰ．F740.4

中国国家版本馆 CIP 数据核字第 2024427FK1 号

书　　名：**外贸跟单与出货验收从入门到精通**
WAIMAO GENDAN YU CHUHUO YANSHOU CONG RUMEN DAO JINGTONG
作　　者：邱云生

责任编辑：张　丹　　编辑部电话：（010）51873064　　电子邮箱：232262382@qq.com
封面设计：宿　萌
责任校对：安海燕
责任印制：赵星辰

出版发行：中国铁道出版社有限公司（100054，北京市西城区右安门西街 8 号）
网　　址：https://www.tdpress.com
印　　刷：北京联兴盛业印刷股份有限公司
版　　次：2025 年 1 月第 1 版　2025 年 1 月第 1 次印刷
开　　本：710 mm×1 000 mm 1/16　印张：14　字数：200 千
书　　号：ISBN 978-7-113-31592-4
定　　价：69.80 元

前言

企业想要扩大销量，进一步发展壮大，提升知名度，除了拓展国内市场外，走向国际市场也是一条极为重要的措施。现如今，有越来越多的知名企业在抢抓机遇、拓展海外订单，也有不少企业开始转型做外贸，很多个人创业者也进入了外贸行业，开展跨境电商业务。

企业开展对外贸易是有门槛的，除了要具备主体资格外，负责客户开发和跟进的人员也要懂得外贸接单、签单、信用证、装运等外贸业务知识。出口货物的国际贸易过程是比较复杂的，国外客户的交易方式也与国内不同，对于从未接触过外贸业务的企业和个人来说，必须在掌握外贸交易流程、跟单操作和相关知识的基础上开展对外贸易，这对成单和合同履行至关重要，也是保障外销业务高效、顺畅运转的关键。

为帮助外贸企业和从事外贸工作的人员了解外贸跟单和出货验收的工作流程及要点，笔者编著了本书。通过本书的阅读，读者能够对跟单、备货、出货、验收、报关等外贸业务有较为清晰的认识，进而更顺利地完成外销合作。

本书共 7 章，可划分四部分。

◆ 第一部分为第 1 ~ 2 章，主要对外贸接单和订单处理进行介绍，
如外贸接单准备工作、外贸客户开发与跟进、达成交易前的磋商、

收到订单后的跟单处理、合同的签订、信用证的跟催，以及信用证的审核和修改等，为外贸接单、签单和订单处理环节的工作提供指导，提高跟单员的订单跟进能力。

◆ 第二部分为第 3～4 章，从备货和出货环节入手，详细介绍了安排生产计划、生产跟进、出货品质把控、交运跟踪、运输反馈等内容。通过对这部分内容的学习，读者可以了解备货和出货的跟单要点及常见疑难问题的处理方法。

◆ 第三部分为第 5～6 章，介绍了货物交运和通关的相关事宜，主要包括合理选择运输方式、交运环节的跟单要点、国际货物运输保险办理、装运环节注意事项、出口货物报检、报关跟单、查验和征税等内容，促进外贸流程顺利进行。

◆ 第四部分为第 7 章，主要对出口货物跟单的最后环节进行介绍，内容包括制单审单、办理结汇、出口退（免）税和售后跟进。做好最后环节的跟单工作，有助于交易顺利完成。

本书从外贸跟单和出货验收的实际业务内容出发，通过理论知识结合流程图、图表、范例、操作展示的方式来介绍各种实用知识，让读者能够将书中的知识更好地运用于外贸工作中，并在一种轻松有趣的阅读氛围中学习外贸知识。

最后，希望所有读者都能从本书中学到想学的知识，提升外贸专业技能，拿下更多订单。

编 者

2024 年 10 月

目录

第 1 章　做好外贸接单沟通管理工作 1

1.1　外贸接单准备工作不可少 2
　1.1.1　跟单员基本业务掌握 2
　1.1.2　如何做好外贸跟单工作 3
　1.1.3　想要成单，市场调查不可缺 4
　1.1.4　应熟悉外贸相关政策 7
　1.1.5　进出口货物收发货人备案 11

1.2　外贸客户开发与跟进 12
　1.2.1　如何有效开发外贸客户 12
　1.2.2　做好外贸客户信息整理与运用 15
　1.2.3　资信调查规避信用风险 17
　1.2.4　写开发信有效建立业务联系 19
　1.2.5　客户跟进与细节确认 21
　1.2.6　没有获得客户回复如何应对 23

1.3　达成交易前的磋商 25
　1.3.1　询盘：客户的询价 25
　1.3.2　发盘：向客户发出报价 27
　1.3.3　还盘：提出交易修改意见 29
　1.3.4　接受：与客户达成合作 32

1.4　加速合作的跟单引导 ·· 34

  1.4.1　合理报价敲开沟通的大门 ···34

  1.4.2　用外贸报价单做专业报价 ···36

  1.4.3　把握跟单时机及时促成交易 ··39

  1.4.4　这几种外贸订单需谨慎对待 ··40

第 2 章　外贸签单与订单的处理 ························· 42

2.1　接到订单后的跟单处理 ·· 43

  2.1.1　做好订单录入与整理 ···43

  2.1.2　不可马虎的订单审查环节 ···44

  2.1.3　给客户发送订单确认邮件 ···47

2.2　合同的签订与跟进 ·· 48

  2.2.1　外贸合同的主要条款 ···48

  2.2.2　识别国际贸易合同风险 ···51

2.3　信用证的跟催 ·· 53

  2.3.1　信用证的主要内容 ··53

  2.3.2　客户拖延开证如何催开 ···57

  2.3.3　受理信用证通知书 ··59

  2.3.4　收到来证后的登记管理 ···61

2.4　信用证的审核和修改 ·· 61

  2.4.1　如何快速审核信用证 ···62

  2.4.2　如何识别信用证中的软条款 ··64

  2.4.3　如何拟写改证函 ···66

第 3 章　不容忽视的备货与生产跟单 ················· 69

3.1　下生产订单安排生产计划 ··· 70

  3.1.1　下达订单安排生产 ··70

3.1.2 外贸新单的提醒和说明 72

3.1.3 外部备货的跟踪和催货 74

3.2 跟进生产按订单及时交货 76

3.2.1 原材料采购订单跟踪 77

3.2.2 跟单员如何审核物料请购单 78

3.2.3 落实生产进度跟单 79

3.2.4 生产过程中的质量控制 81

3.3 包装跟单确保产品符合要求 84

3.3.1 外贸品包装的分类 85

3.3.2 充分重视客户对包装的要求 86

3.3.3 如何做好产品包装跟进 87

3.4 生产跟单阶段问题处理 90

3.4.1 物料没齐需延迟出货 90

3.4.2 生产中存在异常问题的处理 93

3.4.3 不合格产品的管理 94

第 4 章 出货前的订单跟踪最要紧 97

4.1 正式出货前的品质把控 98

4.1.1 出口商品验货的方法 98

4.1.2 验货前跟单员要做什么准备 101

4.1.3 客户验货工作的安排 102

4.1.4 应对第三方验货人员的要求 105

4.2 顺利交运前的出货跟踪 105

4.2.1 制作并发送装箱单 106

4.2.2 跟单员确认并通知出货 108

4.2.3 货运代理的筛选和配合 110

4.2.4 做好租船与订舱环节 113

4.2.5 合理排柜降低海运费 116

4.2.6　拖柜安排确保安全及准时 119

4.3　掌握出货后的运输与收货 **119**

4.3.1　告知客户装运情况 120

4.3.2　跟单员也需做好出货统计 122

4.3.3　把握货物运输状态信息 122

4.3.4　如何获得运输文件 123

4.4　出货跟踪的疑难处理 **125**

4.4.1　比较整箱和拼箱的运费 125

4.4.2　产品有瑕疵如何和客户沟通 127

4.4.3　交货期延误的处理 129

第 5 章　货物运输环节的交运跟踪 **131**

5.1　合理选择运输方式 **132**

5.1.1　主要的运输方式：海洋运输 132

5.1.2　安全准时的运输方式：铁路运输 134

5.1.3　高效快速的运输方式：航空运输 135

5.1.4　机动灵活的运输方式：公路运输 136

5.1.5　复合运输方式：多式联运 137

5.1.6　如何选择运输方式 138

5.2　交运环节的跟单要点 **139**

5.2.1　海运提单的填写 139

5.2.2　铁路运输单据的填写 144

5.2.3　航空运单的填写 147

5.3　跟进国际货物运输保险办理 **151**

5.3.1　国际货物运输保险有哪些 151

5.3.2　清楚国际货运保险的责任范围 153

5.3.3　跟单员要如何办理投保 156

5.3.4　出口货物运输保险的理赔 160

5.4 货物装运环节注意事项 **163**

5.4.1 货物装箱要点 163

5.4.2 认真审核运单 164

5.4.3 外贸运输风险防范 165

5.4.4 与客户商议保险事宜 167

第 6 章　货物顺利通关的业务跟进..................... 170

6.1 出口货物报检知识 **171**

6.1.1 哪些出口货物需要做商检 171

6.1.2 出口货物法定检验如何申办 173

6.1.3 出口危险货物包装检验 176

6.1.4 报检有时限，做好准备不耽误 178

6.2 出口货物报关跟单 **180**

6.2.1 报关的具体流程是怎样的 180

6.2.2 出口货物报关单填制规范 182

6.2.3 电子报关怎么申报 186

6.3 通关前的查验和征税 **187**

6.3.1 配合进行出口货物的查验 187

6.3.2 打印税单并缴纳税费 189

6.4 报关通关业务问题处理 **192**

6.4.1 什么情况下需要补充申报 192

6.4.2 报关单可以修改或撤销吗 192

6.4.3 为什么货物不能顺利通关 194

第 7 章　出口货物跟单的最后环节.................... 196

7.1 货物发运后的制单审单 **197**

7.1.1 清楚单据缮制的基本要求 197

7.1.2 货、证、船、款的制单程序 199

7.1.3 审核确保单证的准确性 201

7.2 提交单据并办理结汇 **203**

7.2.1 如何保证交单顺利 203

7.2.2 单据被拒付了如何应对 204

7.3 出口退（免）税和减免税 **205**

7.3.1 出口退（免）税的范围 206

7.3.2 首次办理出口退税的备案登记 207

7.3.3 如何办理出口退（免）税申报 209

7.3.4 申请办理减免税审核确认 210

7.4 出口货物客户售后跟进 **211**

7.4.1 调查外贸客户是否满意 211

7.4.2 合同争议和客户投诉处理 213

第1章

做好外贸接单沟通管理工作

● ● ● ● ●

　　在对外贸易业务中，订单成交与否离不开跟单员的努力，且在很大程度上取决于跟单员自身的素质能力。要想接到外贸订单，主动开发客户必不可少，跟单员要在这一过程中做好接单沟通管理工作，才能顺利地拿下订单。

IMPORT　　　　　　　　　　　　　　　　　　　　EXPORT

1.1　外贸接单准备工作不可少

外贸工作是一项综合性的工作，在接单之前，外贸人员有必要掌握基本的外贸知识和业务技能。外贸跟单员的工作内容和性质是什么样的呢？为了更专业地为客户服务，相关人员需要系统了解。

1.1.1　跟单员基本业务掌握

从外贸跟单员的业务进程来看，其工作涉及客户开发、签单、备货、出货、报检、报关、结汇、售后等部分或全部环节。在很多中小型外贸企业中，跟单员往往身兼数职，既是业务员、生产计划员，也是内勤员、质检员等，这使得跟单员的工作具有责任重大、事务烦琐、对综合能力要求高的特点。跟单员的基本业务如下：

◆ 促进成单：在很多外贸企业，跟单员不只是被动地接受订单，还会主动开发客户并促进成单。因此，开发客户并进行交易磋商也是跟单员的工作内容之一。

◆ 订单处理：接到订单后，跟单员需要对订单进行处理。订单处理业务涉及的工作比较多，包括订单确认、安排生产、生产进度跟踪、质量控制和商品出货等，需要跟单员足够细心和耐心。

◆ 物流安排：出口货物要顺利交到客户手中，物流是很重要的一个环节，跟单员需要安排合适的货运方式，并对货物的运输状态进行跟踪。

◆ 单据处理：国际贸易过程中会涉及很多单据，在整个业务流程中，跟单员需要严格制作每一个单据，出现任何错误都可能给企业带来损失。

◆ 售后跟踪：为促成二次销售，跟单员不仅要对售前外贸订单进行跟踪，还要做好售后跟踪工作。在该过程中，跟单员可能会负责货款追收、应对客户投诉、处理相关货物纠纷等工作。

　　总体来看，外贸跟单员的主要工作职责有开发并维护客户、跟踪并协助处理订单、完成外贸销售内务、出口流程的管理和跟进、客户资料以及相关单据的处理和管理，同时还要配合其他部门完成其他相关工作。

1.1.2　如何做好外贸跟单工作

　　外贸跟单工作繁杂且多，外贸人员应从知识素质和职业能力两方面来提升业务技能，以便做好外贸跟单工作。

　　（1）知识素质

　　外贸跟单员应熟悉国际贸易的流程、相关政策、国际贸易惯例以及各国的海关政策、政治经济文化、风俗习惯等，同时，需要掌握生产管理、物流管理、产品营销和行业术语等知识。对外贸易中接触的文件都有格式和规范的要求，这些基本的规范要求也是跟单员需要清楚的。除此之外，跟单员也需要掌握商务信函写作、单证制作等基本知识。

　　了解并掌握国际贸易相关的法律知识，能够有效规避法律风险，按照法律办事才能做好外贸跟单。外贸跟单员需要了解的法律有对外贸易法、民法典第三编合同、进出口商品检验法和海关法等相关法律法规。

　　跟单员应掌握的还有基本的英语知识，这样才能与客户无障碍交流。另外，跟单员还需具备一定的计算机基础技能，如使用企业的 ERP 软件、在网站上接单以及做互联网营销等。

　　（2）职业能力

　　职业能力是从事外贸工作所必备的能力，具体包括沟通能力、应变能力、营销能力、团队协作能力、管理能力和学习能力等。

　　沟通能力：外贸跟单人员不仅要和客户沟通，还会与企业各部门沟通，这要求跟单员有良好的沟通协调能力。

应变能力：在外贸跟单过程中，跟单员可能会遇到各种紧急和突发事件，例如不能及时交货、客户反映产品存在质量问题等，当遇到紧急和突发事件时，跟单员要有很强的应变能力，使用恰当的方式来灵活处理这些事件。

营销能力：跟单员要有一定的营销能力才能说服客户成交，另外，跟单员营销能力的强弱也会影响订单转换率。

团队协作能力：要确保订单顺利、高效地完成，就需要各部门相互配合和协作，因此，跟单员要有团队精神，具备与其他成员协调合作的能力。

管理能力：这里的管理能力包括生产管理、质量管理、物流管理和时间管理等各方面的能力。要确保产品能按时生产并合格地送到客户手中，跟单员应了解生产流程和质量控制等规则，明确外贸跟单过程中各种事件的轻重缓急，把握好时间，以便控制好流程进度。

学习能力：外贸跟单员应有终身学习的思想，除了自身已掌握的知识外，在开展业务的过程中，跟单员还需要不断学习产品知识、贸易知识和互联网知识等。

1.1.3　想要成单，市场调查不可缺

做市场调查的目的是了解行业国际市场，明确市场需求，从而有针对性地选择需求量大的目标市场，这对于订单成交很重要。一般来说，对外贸易的市场调查可从以下三方面入手：

（1）产品调查分析

外贸跟单员要对企业的产品进行分析，了解产品的主要市场、主打产品以及优劣势等。在分析时，如果有历史销售数据，可以借助过往数据进行辅助分析，比如可以导出产品近一年的订单数量，看哪个时间段是产品

的销售旺季，为产品推广和销售提供参考依据。另外，跟单员还可以从过往出货订单中找到售后问题最多的相关产品，分析问题产生的原因，从而对产品进行改进。

在做产品分析的过程中，使用图表来进行数据分析会更直观。跟单员可将相关数据导入 Excel 中，利用 Excel 图表功能来做产品分析，如图 1-1 所示为某外贸企业 2019 ~ 2021 年产品销售统计图，可以清晰地看出，每年商品销量较好的月份都集中在 9 ~ 11 月。

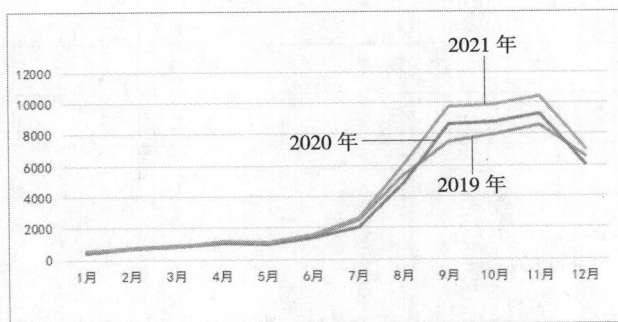

图 1-1　某外贸企业 2019 ~ 2021 年产品销售统计图

（2）同行调查分析

开展国际贸易不仅要知已，也要知彼。所谓知彼就是对同行进行调查分析，跟单员可从竞争力的角度来做竞争对手优劣势分析，包括同行产品技术水平、产品质量、产品性能、市场占有率和宣传渠道等。外贸企业可通过 B2B 和 B2C 平台、展会、电话询问、同行官方网站、外贸资讯网站等渠道来获取与同行相关的资料。

跟单员在做同行调查分析时，首先要确保数据资料的真实性和可靠性，这样才能保证分析结果是正确且具有参考价值的，然后制作表格来做对比分析，表 1-1 为行业和竞品分析表。

表 1-1 行业和竞品分析

行业和竞品分析			
行业现状			
行业趋势			
分析维度	分析对象	本公司产品	竞品
基本情况			
用户情况			
优势			
劣势			
宣传渠道			
差异化亮点			

（3）客户调查分析

针对主要的客户群体，外贸企业有必要进行调查分析。在实际的对外贸易工作中，跟单员应在了解客户的基础上再与之建立交易活动，这样能够更好地规避外贸交易活动带来的风险。做好客户的调查分析，能够使外贸交易更加安全。做客户调查需要了解客户的发展状况、经营范围、资质信用、资金规模和对外贸易现状等，调查所需的相关资料的获取方式如下：

◆ 国内外的综合刊物。

◆ 客户公司网站。

◆ 国内外社交媒体平台。

◆ 委托国外咨询公司进行调查。

◆ 派遣专员到当地对客户进行调查。

◆ 委托当地的客户或朋友对客户进行调查。

◆ 通过海关数据调查分析。

1.1.4　应熟悉外贸相关政策

跟单员对国际贸易的相关政策不能一无所知。在开展对外贸易的过程中，各项政策也可能被修订，因此，跟单员除了要了解基本的国际贸易政策外，还需要了解国内外进出口政策新规。特别是与行业有关的贸易鼓励政策、贸易禁令和限制措施等，这些会对外贸业务产生直接或间接的影响，跟单员应了解清楚。

对外贸易政策是一定时期内进行进出口贸易活动需遵守的准则，主要通过关税、非关税、出口管理等措施来实现。

（1）关税措施

关税措施包括进口关税和出口关税，跟单员可通过海关总署查看进出口税则，单击"互联网＋海关"超链接后进入网站，在打开的页面"我要查"选项区域中单击"进出口税则查询"超链接进行查询，如图 1-2 所示。

图 1-2　进出口税则查询

（2）非关税措施

非关税措施有数量限制措施和其他对贸易造成障碍的措施，数量措施包括配额、进出口许可证、自动出口限制等内容。以进出口许可证制度为例，该制度是我国以及世界各国普遍采用的一种对外贸易管制手段，对于实行进出口管理的商品，需取得许可证后才能进行进出口贸易。

并不是所有的商品都需要取得进出口许可证，外贸企业可以查询进出口货物的 HS 编码，了解对应的监管条件。具体可进入 HS 编码查询网站查询，如图 1-3 所示为查询"03063610"编码的结果，可以看到监管条件为 A、B，不需要进出口许可证。

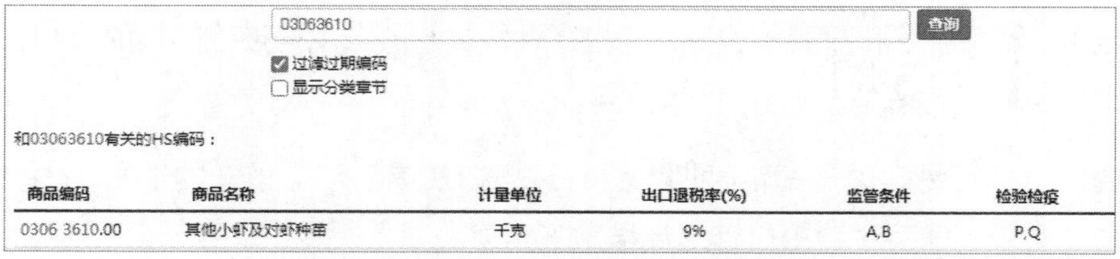

图 1-3　查看 HS 编码

其中，代码 A 表示入境货物通关单，代码 B 表示出境货物通关单。如果监管条件的代码为 1，表示进口许可证；代码为 4，表示出口许可证；代码为 7，表示自动进口许可证；代码为 3，表示两用物项和技术出口许可证，查看监管条件代码表可了解其他代码含义。

信息拓展 什么是 HS 编码

HS 编码即海关编码，具有对进出口货物进行监督和统计的作用，适用于税则、统计、生产、运输、贸易管制和检验检疫等多方面。目前，HS 编码已成为国际贸易的一种通用语言。

另外，跟单员也可以查看"中华人民共和国商务部"网站发布的进出口许可证管理货物目录，列入目录中的货物需办理许可证。以出口许可证为例，根据《出口许可证管理货物目录》（2024 年），部分出口许可证管理货物见表 1-2。

表 1-2　部分出口许可证管理货物（2024）

货物种类	海关商品编号	货物名称	单位
活牛	0102290000	非改良种用家牛	千克

续表

货物种类	海关商品编号	货物名称	单位
大米	1006102101	种用长粒米稻谷	千克
小麦粉	1101000001	小麦或混合麦的细粉	千克
玉米粉	1102200001	玉米细粉	千克
大米粉	1102902101	长粒米大米细粉	千克
甘草及甘草制品	1302120000	甘草液汁及浸膏	千克
天然砂	2505100000	硅砂及石英砂（不论是否着色）	千克
镁砂	2519100000	天然碳酸镁（菱镁矿）	千克

其中部分货物可免于申领《出口许可证》，但需按规定申领《两用物项和技术出口许可证》。比如根据《商务部 海关总署关于公布〈出口许可证管理货物目录（2024 年）〉的公告》，出口铈及铈合金（颗粒＜500 微米）、钨及钨合金（颗粒＜500 微米）、锆、铍、锗、镓的可免于申领出口许可证，但需按规定申领《中华人民共和国两用物项和技术出口许可证》。

非关税措施中其他对贸易造成障碍的措施有技术性贸易壁垒、动植物检验检疫措施、原产地规则等。以原产地规则（原产地即货物的来源地）为例，该规则在国际贸易中具有重要作用，被广泛用于差别关税的计征、贸易统计、实施互惠措施等方面，规则主要包括原产地标准、直接运输规则和原产地证书三部分内容。

其中，原产地证书是指出口国（地区）根据原产地规则和有关要求签发的，明确指出该证中所列货物原产于某一特定国家（地区）的书面文件。外贸人员若要了解我国的原产地规则，可查看《进出口货物原产地条例》。

原产地证可以在网上或窗口办理，以网上办理为例，相关人员进入海关总署官网，单击"互联网＋海关"超链接，在打开的页面中选择"税费业务／原产地管理／原产地证书签发"选项，如图 1-4 所示。

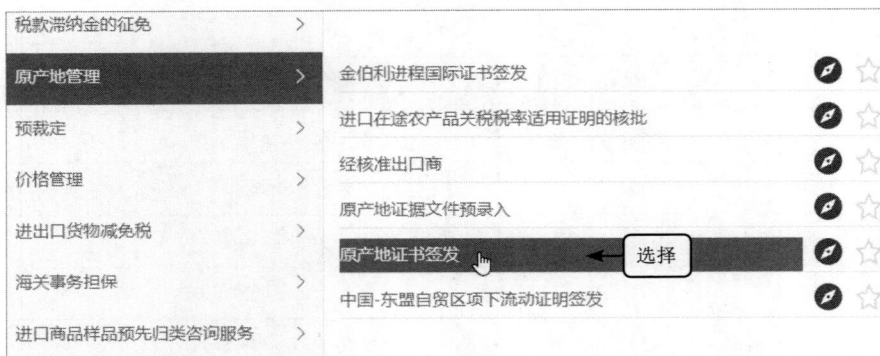

图 1-4　原产地证书签发

外贸企业若已经注册了"互联网＋海关"账号或者拥有电子口岸卡，那么登录"互联网＋海关"在线政务平台后就可以申请办理原产地证。如果没有电子口岸卡或未注册"互联网＋海关"账号，则需要先行注册，凭注册账号和密码登录后办理。

另外，企业也可以进入"中国国际贸易单一窗口"网站，选择"业务应用／口岸执法申报"选项，进入"单一窗口"标准版界面后单击"海关原产地证书"进行申请，如图 1-5 所示。

图 1-5　单击"海关原产地证书"

（3）出口管理措施

出口管理措施包括出口鼓励措施和出口管制措施，跟单员了解清楚出口管理措施的相关条款，可以更好地开展外贸业务，帮助企业规避风险。常见的出口鼓励措施有出口信贷、出口补贴和商品倾销等；出口管制措施有征收出口税、实行出口许可证制、出口禁运等。

1.1.5　进出口货物收发货人备案

根据《中华人民共和国海关法》，进出口货物收发货人、报关企业办理报关手续，应当依法向海关备案。报关企业和报关人员不得非法代理他人报关。

进出口货物收发货人备案可以在网上或线下窗口申请办理，申请备案时，需要向海关提交加盖申请人印章的《报关单位备案信息表》（"多证合一"模式办理的，申请人无须提交任何材料）。

信息拓展 "多证合一"模式办理的注意事项

申请人若要通过"多证合一"方式提交申请，可以在市场监管部门办理市场主体登记时同步办理报关单位备案，按照要求勾选报关单位备案，并补充填写相关备案信息。市场监管部门按照"多证合一"流程完成登记，并在市场监管总局层面完成与海关总署的数据共享，企业无须再向海关提交备案申请。法律、行政法规、规章另有规定的，从其规定。

申请进出口货物收发货人备案的网上办理，可以通过"中国国际贸易单一窗口"或"互联网＋海关"网站进行办理。

以"互联网＋海关"网站为例，相关人员登录账号后选择"企业管理和稽查→进出口货物收发货人备案→进出口货物收发货人备案"选项，按页面提示办理，如图 1-6 所示。

图1-6　"互联网＋海关"网站办理进出口货物收发货人备案

1.2　外贸客户开发与跟进

做外贸首先要有客户资源，有了客户才有接到订单的可能。大多数企业的外贸跟单员都需要主动开发并跟进客户以达成订单，但如何高效开发客户，是很多跟单员特别是新手常常遇到的难题。

1.2.1　如何有效开发外贸客户

开发海外客户有多种渠道，但并不是所有的渠道都适合自己。跟单员可先进行多渠道客户开发，然后从中选择客户精准度高的渠道进行重点开发，以提升效率，常见的客户开发渠道有以下一些：

◆　搜索引擎

搜索引擎是很多外贸跟单员常用的客户开发渠道之一，面对海外客户，搜索引擎也是有针对性的，比较常用的有必应（Bing）。必应搜索由微软推出，支持中文搜索。

通过搜索引擎开发客户有主动搜索和被动搜索两种方式：主动搜索是指利用关键词搜索功能找到客户联系方式，然后与客户取得联系；被动搜索是指建立外贸营销网站，通过广告推广的方式吸引客户主动联系。以主动搜索为例，在搜索时又有以下几种方法可以使用：

◆ 通过产品关键词或行业关键词搜索，搜索时可以带上采购专用词，如 importer（进口商）、buyer（买家）、wanted（需要）、distributor（经销商）等。

◆ 直接搜索潜在客户的名称、官网或者 E-mail。

◆ 利用分站搜索潜在客户。如果产品在某一国家或地区销量较好，就可以通过搜索引擎的分站来搜索客户，如通过谷歌德国来搜索客户，相比直接使用主站来搜索，精准度会更高。

这里以 Bing 搜索引擎为例，搜索关键词后可看到很多搜索结果，然后进入相关网站搜寻客户信息即可，如图 1-7 所示。

图 1-7　通过搜索引擎搜索客户信息

通过搜索引擎来开发客户时可能要经过多次搜索，如通过一些网站找到客户的求购信息，但该网站没有提供客户的联系方式，这时就需要跟单员再次搜索客户公司的网站或其他信息，争取找到公司的联系人。

◆ 国内外展会

参加国内外展会是外贸企业开发客户的重要渠道，特别是一些行业展会，客户的精准度会更高。跟单员可以在展会上与客户进行面对面沟通，相比网络沟通开发，效果会更好。不过，跟单员在参展前一定要做好充足的准备，首先要根据产品目标市场的定位来选择合适的展会，展台的布置也是吸引客户的关键，引人注目的展台能够吸引更多的潜在客户驻足。

另外，跟单员还需要准备好产品宣传资料和个人名片，并储备好产品相关知识，以便在客户询问时能够流畅作答。如果企业因为一些特殊原因无法现场参展，还可以通过对应的展会网站查找参展商的名单，从而进行客户开发。

◆ B2B 平台

B2B 是商家对商家的交流平台，也是跟单员熟悉的连接生意伙伴的平台，常用的有阿里巴巴国际站、中国制造网等，如图 1-8 所示为阿里巴巴国际站首页。

图 1-8　阿里巴巴国际站首页

◆ 社交平台

很多国外客户也会在社交平台建立自己的账号，跟单员通过社交平台找到客户账号，也可以与之建立业务联系，常见的社交网站有 TikTok（抖音国际版）、Lemon8（小黄书）、Twitter（推特）、Facebook（脸书）、YouTube（油管）、Instagram（简称为"IG"）等。外贸人员若能将社交平台作为开发客户的补充工具，也是很不错的。

◆　客户转介绍

外贸跟单员在维护好现有客户的同时，很多时候也能通过老客户转介绍获得订单。老客户转介绍的成交率通常是比较高的，但需要跟单员积累一定的客户数量，并与老客户建立良好的关系，这样才有老客户愿意推荐新客户。

◆　外贸论坛

外贸论坛是外贸人员交流的平台，论坛中也会存在潜在客户，这些客户有时会在论坛中发帖，跟单员可以利用关键词搜索来寻找潜在客户。不过外贸论坛中的信息十分繁杂，需要跟单员花时间来筛选和查找，常用的外贸论坛有福步外贸论坛、敦煌网等。

除以上一些客户开发渠道外，跟单员还可以利用 B2C 平台、黄页网站、地图工具等来开发客户。

1.2.2　做好外贸客户信息整理与运用

从各大渠道获得的客户资料通常都较为杂乱，如果跟单员不对客户资料进行整理，那么想要在客户开发过程中快速使用这些资料，就会变得困难。在正式与客户进行沟通前，对客户资料进行整理，能够更充分地发挥客户资料的作用，提高工作效率。

客户资料最好分门别类进行整理，如将客户分为未联系客户、新开发客户、意向客户和签单客户等类别，将不同的客户资料放在不同的表单或文件夹中，以便跟进不同客户。客户资料表中应该包含客户的个人基本信息、公司信息以及意向信息等内容，表1-3为外贸客户信息表示例。

表1-3 外贸客户信息表

客户基本信息			
公司名称 Company Name		国家 Country	
公司地址 Company Address		公司网址 Company Website	
订单联系人 Contact Person for Order		联系人手机 Contact Person's Mobile	
办公电话 Office Phone		联系人电子邮件 Contact E-mail	
客户采购信息			
产品型号 Product Model		交货期 Delivery	
采购数量 Order Quantity		目的港名称 Destination Port	
贸易条件 Trade Terms		付款方式 Payment Terms	
目标价格 Your Target Price			
客户开发沟通信息			
开发时间		沟通内容与备注	

在归纳整理通过多种渠道获取的客户信息时，跟单员就可以将信息填入表1-3中，这样杂乱的信息也会变得清晰起来，后续还可以不断完善。

在整理客户信息时，跟单员还要注意客户信息的真实性、可靠性和时效性。有时收集到的客户资料并不是真实的，这时，跟单员就要过滤掉无效信息，只保留真实有效的信息。时效性则要求跟单员定期进行客户资料的更新，比如新获得的客户信息与过去的资料有矛盾之处，这时就需要对错误的信息进行修改，以保证信息的可靠性。如果企业有自己的 ERP 系统，也可以将客户信息登记在 ERP 系统中，然后定期更新。

1.2.3　资信调查规避信用风险

在正式开展贸易活动之前，对有意向的客户进行资信调查是很有必要的。资信调查的目的在于防范风险，在进出口贸易中，不乏商业欺诈的行为，如果跟单员不了解客户信用的优劣，很可能在贸易活动中遇到无法收回货款、客户故意赖账等情况。

为了减少和避免信用风险的发生，跟单员需要先对客户的信用状况进行调查，在确定客户可以结成贸易伙伴后再展开交易活动，能有效避免无谓的损失。资信调查的主要内容包括以下五个方面：

◆ 注册登记信息：包括企业资质、经营年限、历史组织架构、管理层信息和分支机构等。跟单员在调查过程中应弄清楚企业的英文名称和注册地址，避免弄错调查对象。

◆ 经营状况：包括经营性质、经营范围、主要合作对象、经营能力和经营场所位置等。

◆ 资金情况：包括资产负债情况、资金往来信息、现金流量和出资人情况等。

◆ 商业信誉：包括信用状况、履约情况、消费者投诉、罚款情况、涉诉历史和社会口碑等。

◆ 品质道德：包括为人处世的态度、个性和职业素质等，如果往来对象不诚实可靠，出现欺诈和赖账等情况的概率会更高。

针对海外客户的资信调查，一般有以下途径，跟单员可以根据需要选择：

①通过客户的往来银行了解其信用信息；

②通过资信机构调查；

③通过搜索引擎、官网来确认客户信息；

④通过信用评估机构查询，如标准普尔、穆迪等；

⑤出国实地考察，或请国外客户、同行帮忙考察；

⑥通过客户所在国的公司登记机构查询该公司是否存在。

资信机构和信用评估机构提供的信用评级和报告通常都是真实可信的，但是，如果对方公司较小或者是成立不久，就可能查询不到，如图 1-9 所示为某资信机构提供的信用报告部分内容。

图 1-9　信用评分

出国实地考察的成本通常较高，更适合需要长期合作的客户，同时，通过实地考察也能拉近客户关系，提高合作的可能性。如果跟单员想直接通过搜索引擎来查询客户官网，则要注意查看网站的注册时间，一般来说，注册时间越久，可靠性会越高。

1.2.4 写开发信有效建立业务联系

开发信是跟单员给客户发送的寻求合作的邮件，对于很多不参加展会，不做广告推广的外贸企业来说，开发信是他们与客户建立联系的重要方式。另外，在外贸商务沟通中，邮件仍是开发信件往来的主要渠道。

开发信具有门槛低、成本低的优势，但是，由于大规模群发垃圾邮件的出现，导致了开发信这一客户开发方式的效果不如以前。为了提高开发信的开发效果，避免被误认为是垃圾邮件，跟单员在写开发信时应注意以下几点：

（1）突出主题

客户在收到开发信后，首先看到的是开发信的标题，如果标题无法吸引到客户，那么客户很可能不会打开这封开发信。标题最好少用推销类的词汇，这容易让开发信被认为是推销邮件，如 cooperation（合作）、quotation（报价）等词汇。

有的跟单员在写开发信标题时会采用招呼语式的写法，如 Hello, my dear friend, Good morning!（你好，我亲爱的朋友，早上好！）。这类标题具有很强的开放性，几乎适合所有的邮件，但客户每天的时间是有限的，对于此类意图不明确的邮件，他们通常不会感兴趣，也不会愿意花时间去打开阅读。而且，这样的邮件标题往往会给客户留下不专业的印象。

开发信的标题可以以产品、促销和优势为吸引点，标题内容最好简洁明了，不能过长，如采用 "Trendy/Popular+ 产品 +in+ 国家 / 地区" "【Free Sample】+ 产品" "【Last Chance】折扣 +off+ 产品" 等标题形式。在撰写标题时，还有以下一些技巧：

◆ 标题中带上客户或公司的名称，能够给客户以亲切感，如 Hi+ 客户名称、Hello+ 客户名称、To+ 客户公司名称。

◆ 留意行业中比较热门、新鲜的关键词或资讯标题，可以在开发信标题中加入这些关键词。

◆ 运用降价、最低价等字词，如果价格有竞争力，也可以直接将价格写在标题中，对于偏好价格优势的买家会很有吸引力。

◆ 阐述产品亮点不要笼统，而应具体，比如新工艺、新技术就过于笼统，而传统颜色、旗袍款式改良、现货等会好很多。

（2）言明目的

开发信忌啰嗦，题文不对应，信件的正文最好开门见山，直接表明目的，示例如下：

示例

> This is ××× from ×××. We are now launching a new marketing campaign, some of our products are special offer. We can give you the best price for the products that you are seeking for. We avail ourselves of this opportunity to approach you for the establishment of trade relations with you.
>
> 我是 ×× 公司的 ××，我们正在开展一项新的营销活动，有一些特价商品。我们可以为您提供最优惠的价格。我们借此机会与您接洽，希望与您建立贸易关系。

客户打开了开发信，证明客户对信件内容是感兴趣的，这时就不要"卖关子"了，直接言明目的，向客户阐明企业能够为他带来哪些"利益"，这样更容易得到客户的回复。

为了取得客户的信任，开发信中还可以说明信息来源，即通过何种途径获得的客户信息，如展会、某大使馆参赞处、公司官方网站、某朋友介绍等。

（3）篇幅不宜过长

开发信整体的篇幅不应过长，当客户打开开发信后，发现篇幅长篇累牍，通常没有耐心会直接关掉。跟单员要明白，开发信是与客户初步接洽的工具，目的是与客户建立联系。

因此，开发信中不必事无巨细地介绍公司、产品详细信息以及售前售后服务等。跟单员要尽量精简开发信的内容，只需要将客户感兴趣的内容写清楚即可，如产品品类、价格、质量和优点等，篇幅最好控制在一页以内。

（4）联系信息

跟单员在开发信中有必要留下联系方式，这样客户想要进一步沟通时可以及时联系到跟单员。另外，跟单员也可以在开发信中强调"有什么需要可随时与我联系"。

1.2.5　客户跟进与细节确认

与客户取得联系后，跟单员首先要做的就是与客户保持联系，如果不及时跟进，即使是有意向的客户也可能丢失。客户的跟进需注意频率，跟单员可结合客户跟进情况记录表来有计划地进行跟进，表 1-4 为客户跟进表。

表 1-4　客户跟进表

客户类别		国家 / 地区	
客户来源		公司名称	
联系人		联系方式	
客户需求			
日期	跟进记录		备注

续表

跟进结果	□达成合作 采购情况： □未达成合作，关键原因： 改进方案：

在跟进客户的过程中，跟单员也可以根据跟进结果对客户进行分类，以便后续进行针对性的沟通。如可以将正在跟进的客户分为 ABCD 四大类，A 类客户为待签单客户，B 类为有跟进但签单意向并不明确的客户，C 类为回复不积极的客户，D 类为发送了开发信但没有回复的客户。

客户跟进过程中比较重要的一点是判断客户的意向，对于高意向客户需要重点跟进，避免联系不及时而丢失客户。低意向客户的跟进频率不用很高，但也不能长久不联系，否则客户会遗忘。

跟进客户也是有技巧的，如果跟单员反复询问客户要不要下订单，久而久之客户也会不耐烦，跟单员可从以下五个方面来跟进客户：

◆ 价格方面：当产品价格有变动时跟进客户，如价格即将上涨，刺激客户下单；近期有降价，进一步探寻客户的需求。

◆ 产品更新：产品上新或有更新时跟进客户，如包装更新、新功能和新技术等，既能找到合适的沟通话题，也能让客户感受到公司的用心。

◆ 公司动态：公司动态的更新也是一个很好的跟进话题，如引进了新的设备、公司正在举行某活动等。

◆ 节日问候：节日问候是与客户保持联系的一种较好的跟进方式，跟单员在向客户表达节日问候时一定要弄清楚客户的国别，以及当地有哪些需要特别庆祝的节日，避免弄错。

◆ 来访邀请：对于重要的意向客户，跟单员可以邀请其到公司参观和洽谈，以促成合作。

在跟进客户的过程中，双方往往会针对数量、交期、产品和价格等细节进行沟通，一般情况下，询问细节的客户都是意向比较高的。针对一些细节问题，跟单员自己能够确认并回答的应尽量回答客户，避免浪费双方的时间。如果自己无法确定，一定要咨询相关人士后再答复，比如客户询问关于产品技术方面的问题，跟单员可能并不清楚，这时就需要咨询技术人员，确认后再回复客户。

1.2.6　没有获得客户回复如何应对

跟单员向客户发送开发信后并不一定能得到回复，客户没有回复的原因可能有以下几种：

◆ 客户收到的邮件太多，导致开发信被淹没，客户并没有看到；

◆ 开发信中包含了敏感信息，导致被拦截；

◆ 邮箱 IP 地址进入了邮件黑名单，导致开发信被误认为是垃圾邮件，客户没有收到开发信；

◆ 跟单员弄错了收件人的邮件地址，发送开发信时没有发现；

◆ 客户正在休假期，没有处理往来邮件；

◆ 开发信不够专业，没有吸引力，客户很难从开发信中了解到产品的信息以及优势；

◆ 客户看了开发信，但是对产品并不感兴趣，或者产品对客户来说没有优势；

◆ 客户有合作的供应商，现阶段不需要接触新的供应商。

针对以上原因，跟单员需要有针对性地解决，具体有以下解决方法：

①提高开发信的质量，重点介绍公司、产品，让客户能直观了解到产品优势以及公司实力。

②撰写完开发信后，检查标题和内容是否有敏感信息，如明显的广告宣传信息、引导点击的链接等。

③避免群发邮件，群发开发信可能会被机器判定为垃圾邮件。不要使用一个电子邮箱短时间内频繁发送开发信，避免邮箱账号、发件域名、服务器IP地址进入黑名单。发送多封开发信时，标题和内容最好不同。

④发开发信时确认收件人的邮件地址是否正确，避免发错。了解国外客户的休假期安排，合理安排时间发信，很多国外客户会在 9:00 ~ 10:00、15:00 ~ 16:00 集中处理往来邮件，选择这两个时间段发送开发信，可以提高开发信的打开率。

跟单员不仅要分析客户不回复开发信的原因，采取合适的应对措施，还要对已读但未回复的客户定期跟踪。可以采用以下跟进策略来争取沟通机会：

再次跟进： 在开发信发出去两三天后向客户发送跟进邮件，询问客户是否收到我们发送的邮件，内容尽量简短，示例如下：

示例

I am just wondering if you have received my previous E-email. I am sending it again just in case you might not have got it yet. If you are interested, please consult at any time.

想知道您是否收到了我之前的电子邮件，以防您没有收到，我会再寄一次。如果您感兴趣，请随时咨询。

询求客户的看法： 向客户发送产品上新、展会信息、报价单等，探寻客户对我们提供的产品和报价的意向，示例如下：

示例

This is the quotation of the products with the highest sales in our company.If you are just interested in our products, we will provide you with the best discount and optimal service, and look forward to a happy cooperation!

这是我们公司销售量最高的产品的报价，如果您对我们的产品感兴趣，我们将为您提供最低折扣和最佳服务，期待着愉快的合作。

利用社交平台： 关注客户的社交平台动态，通过社交平台与客户沟通互动，以加深客户的印象。

电话沟通： 二次跟进后如果客户还没有回复，可以尝试通过电话沟通，电话结束后，跟单员可以对有意向的客户再发一封邮件。

1.3 达成交易前的磋商

交易磋商是完成交易前，双方就交易的相关事项进行协商的过程。在国际贸易中，交易磋商会经过询盘、发盘、还盘和接受四个环节，明确的内容和合法的程序也保证了所达成的合同在法律上的有效性。交易磋商可以采取书面或口头两种形式，其中发盘和接受是实现交易的必需环节。

1.3.1 询盘：客户的询价

询盘是交易的一方向对方探询交易条件，表示交易愿望的一种行为。做出询盘的一方可以是买方，也可以是卖方。在国际贸易中，询盘很多时候都是由买家发出的。

一般情况下，跟单员向潜在客户发送开发信，或者通过其他方式与客户取得联系后，如果客户对产品感兴趣，就会主动发出询盘，一方面了解卖方交易的诚意，另一方面询问产品的交易条件。

询盘的内容通常与商品相关，如价格、包装、装运、规格、数量和寄样品等，大多数情况下，客户首次询盘都只是询问价格，所以询盘又被称为询价。在对外贸易中，询盘并不是必经程序，如果买卖双方足够了解和信任，也可以不必经过询盘，直接进入发盘环节。

在收到潜在客户询盘后，跟单员不必马上回复，需要先对客户的询盘进行分析。因为跟单员收到的询盘有可能是垃圾询盘、广告询盘或是竞争企业为套取报价而发出的，只有有效、真实的询盘才需要及时回复。那么跟单员要如何辨别真假询盘呢？具体可采用以下方法：

◆ 查看询盘邮件的标题，如果邮件的标题与公司或产品并不相关，或者能够一眼看出是广告邮件，就不必理会。

◆ 阅读询盘的内容，真实的询盘邮件一般会询问产品和交易的详细信息，如产品名称、具体型号、价格、交货时间和付款方式等，跟单员可从询盘内容中看出对方是否有真实的采购需求。

◆ 查看询盘的结尾是否留有联系方式，包括对方的署名、公司名称、地址、网址以及联系方式等，正规公司的真实询盘通常都会留下真实的联系方式，跟单员可以查询核实。

◆ 查看询盘的发送时间和 IP 地址，大多数客户不会在休息时间询盘。同时，跟单员还要查看发件人的 IP 地址，看国外客户的询盘 IP 地址显示的国籍及地址是否与客户描述的吻合。

跟单员可以通过 IP Address Lookup 网站查看 IP 地址，图 1-10 为查询结果。需要注意，有时候 IP 地址的查询结果可能并不完全准确，因此，跟单员还需要结合其他分析结果来综合判别询盘的真伪。

图 1-10　查询 IP 地址结果

对于难以辨别真伪的少部分询盘，跟单员可在后续的沟通中辨别。跟单员需要及时回复真实的询盘，回复前最好对客户信息和背景进行调查分析，包括对接者的性别、职位、公司经营模式和采购实力等，在有效了解客户的基础上进行回复，能够提高回复质量，也更容易达成成交，回复时要注意以下要点：

◆ 针对买方询盘中的具体需求有针对性地回复，如目标价格、是否允许寄样以及包装问题等，写完邮件后最好检查一遍，查看客户提到的需求是否明确回复了。

◆ 邮件标题可以采用 To+ 客户名称、From+ 本公司名称的方式，通过标题告知客户这封邮件的收发件人。另外，也可以用产品报价、客户求购的产品名称作为标题，这样能避免回复邮件被当作垃圾邮件。

◆ 注意邮件的格式规范，语气应礼貌，不能太生硬，不要忽视问候语和结束语，如"Dear ××""Thanks""Best Regards"等。

1.3.2　发盘：向客户发出报价

发盘又称为发价，在法律上，发盘称之为"要约"，发盘人即要约人，受盘人即受要约人。在对方有询盘的前提下，发盘是对询盘答复的过程。这里要注意区分邀请发盘和有效发盘，邀请发盘（要约邀请）的目的在于表达交易的愿望、询问交易条件，所报价格一般仅供参考，而有效发盘是有条件的，以缔结契约为目的。

发盘可以在没有询盘的情况下发出，一般来说，发盘都是由卖方发出的。发盘可以采用书面或口头形式，法律上，有效的发盘应具备以下条件：

①发盘要向特定的受盘人提出，可以是一个或几个，一般的广告宣传单和价目单等，没有特定的受盘人，就不能视作发盘，可以称之为邀请发盘。

②发盘的内容应该是确定的，受盘人一旦接受，合同即告成立。

③发盘人须表明愿意按发盘条件与对方达成交易或订立合同。如果发盘中有"仅供参考""以发盘人最后确认为准"等保留或限制性条件，那么是不构成发盘的，只能视作邀请发盘。

④发盘必须送达受盘人，若受盘人没有收到发盘，则发盘无效。

信息拓展 《中华人民共和国民法典》中关于要约的规定

《中华人民共和国民法典》（以下简称《民法典》）中有关合同的相关规定与对外贸易活动有紧密联系，因此，跟单员也有必要了解《民法典》关于要约的相关规定，部分规定如下：

第四百七十二条　要约是希望与他人订立合同的意思表示，该意思表示应当符合下列条件：

（一）内容具体确定；

（二）表明经受要约人承诺，要约人即受该意思表示约束。

第四百七十三条第一款　要约邀请是希望他人向自己发出要约的表示。拍卖公告、招标公告、招股说明书、债券募集办法、基金招募说明书、商业广告和宣传、寄送的价目表等为要约邀请。

发盘是具有法律约束力的，发盘人在发盘后不能随意反悔，因此，跟单员必须对发盘的撰写格外重视。发盘的结构一般包括以下内容：

表示感谢： 在发盘邮件的开头向对方表示感谢，如感谢对方来函或感谢对方询盘等。

示例

Thank you for your enquiry dated Oct.10.

感谢您 10 月 10 日的询盘。

交易条件： 说明产品品名、规格、数量、装运方式、包装、付款条件、交货期等。

示例

Our terms of payment are by irrevocable L/C payable by draft at sight.

我们的付款条件是凭不可撤销的即期信用证支付。

有效期或约束条件：说明发盘的有效期以及受约束的条件，如本发盘有效期为 3 天，此盘以贵方在 5 天内接受为有效，或限 10 日回复到有效。

示例

We make you the following offer subject to your reply reaching us within 10 days.

现发盘如下，以贵方在 10 日之内回复到有效。

结束语：内容可以是产品宣传，鼓励对方下单，表明己方的优势，或说明价格已经很优惠了。

示例

The price we quoted is favorable.

我方的报价很优惠。

信息拓展 **发价是否可以撤回**

发价写明接受发价的期限或以其他方式表示发价是不可撤销的：如果要约中明确规定了接受期限，或者通过其他方式（如行为、声明等）表明该要约是不可撤销的，则要约人不得随意撤销该要约。

被发价人有理由信赖该项发价是不可撤销的，而且被发价人已本着对该项发价的信赖行事：如果被要约人有充分的理由相信要约是不可撤销的，并且已经基于这种信赖采取了相应的行动（如准备履行合同、投入资源等），则要约人也不得撤销该要约。

1.3.3　还盘：提出交易修改意见

如果客户不接受或不完全接受发盘中提出的交易条件，那么就会进入还盘环节。还盘也被称为还价，是受盘人对发盘条件不同意或不完全同意而提出修改、限制或增加新条件的表示。

还盘是国际贸易里中的术语，在法律上就是变更要约内容后发出要约，等同于新要约。《民法典》中关于新要约有以下规定：

第四百八十八条　承诺的内容应当与要约的内容一致。受要约人对要约的内容作出实质性变更的，为新要约。有关合同标的、数量、质量、价款或者报酬、履行期限、履行地点和方式、违约责任和解决争议方法等的变更，是对要约内容的实质性变更。

信息拓展 **关于还价的相关内容和解释**

一、拒绝与还价

对发盘表示接受但载有添加、限制或其他更改的答复，即为拒绝该项发价，并构成还价。这意味着，如果受要约人在接受要约的同时，对要约的内容进行了任何形式的修改或添加，那么这种接受实际上被视为对原要约的拒绝，并构成了一个新的要约（还价）。

二、非实质性变更的接受

对发价表示接受但载有添加或不同条件的答复，如所载的添加或不同条件在实质上并不变更该项发盘的条件，除发盘人在不过分迟延的期间内以口头或书面通知反对其间的差异外，仍构成接受。如果发价人不做出这种反对，合同的条件就以该项发价的条件以及接受通知内所载的更改为准。这表明，在某些情况下，即使受要约人提出了添加或不同的条件，但如果这些条件在实质上并未改变原要约的核心内容，且发价人未在合理时间内表示反对，那么这些更改将被视为接受的一部分，合同将按照更改后的条件成立。

三、实质性变更的界定

有关货物价格、付款、货物质量和数量、交货地点和时间、一方当事人对另一方当事人的赔偿责任范围或解决争端等的添加或不同条件，均视为在实质上变更发价的条件。这一条款明确了哪些类型的更改被视为实质性变更，从而可能影响合同的成立。

四、接受发价

1. 接受的定义：被发价人（即受要约人）通过声明或做出其他行为表示同意一项发价（即要约），即构成接受。这里需要明确的是，缄默或不行动本身并不等于接受。

2.行为表示接受：如果根据发价或依照当事人之间确立的习惯作法和惯例，被发价人可以做出某种行为（例如与发运货物或支付价款有关的行为）来表示同意，而无须向发价人发出通知，则接受于该项行为做出时生效。但该项行为必须在上述规定的期间内做出。

还盘一经做出，原发盘就失去了效力。面对还盘，跟单员应注意以下几点：

◆ 作为发盘人，要识别还盘的形式，还盘中可以有"还盘"字样，也可以没有，但从内容可以看出对方表示要修改发盘的交易条件。

◆ 还盘可以针对产品的数量、装运、质量、交货地点和付款条件等进行修改，跟单员应注意对方修改了哪些条件，或者对哪些条件提出了不同意见。

◆ 还盘也意味着原受盘人发起了新发盘，当客户作为买方作出还盘后，买卖双方的地位对调，对方变为新发盘的发盘人，己方则变为了新发盘的受盘人。作为新发盘的受盘人，己方有权接受或拒绝客户提出的新发盘的交易条件。

◆ 还盘是可以在买卖双方间反复进行的，直到双方订立合同，或者没有进一步洽谈的意向。还盘过程中，跟单员需要考虑己方成本、市场行情等，不能一味被动地接受客户提出的条件。

回复对方的还盘时，对于不能接受的条件应说明不能接受的原因。以价格为例，跟单员需说明价格是合理的，以及为什么不能接受客户的还价。如果能够给予客户优惠价格，则应表明优惠价格是多少，或者说明己方能以何种条件接受客户的还价，示例如下：

示例
The cost of raw material has increased considerably, so we are not in a position to make any reduction.

原材料成本大幅增长，所以我们不能降价。

示例

If you order in large lots, we'll accept the price.

如果贵方大量订购，我们可以接受这个价钱。

示例

I'll respond to your counter-offer by reducing our price by two dollars.

我方同意你们的还价，减价 2 元。

1.3.4 接受：与客户达成合作

接受是交易磋商的最后环节，是受盘人在发盘的有效期内，同意发盘中提出的各项交易条件，愿意按这些条件和对方达成交易、订立合同的一种表示。在法律上，接受称为"承诺"，有效的接受应具备以下条件：

要在发盘的有效期内送达发盘人：大多数发盘都会规定接受有效期，如规定 7 天内接受有效。有效期的作用在于约束发盘人和受盘人，对于发盘人来说，有效期内不能随意撤销或修改发盘内容；对于受盘人来说，要在有效内接受发盘，才具有法律效力。接受期限届满受盘人未作出承诺，发盘失效。

接受必须由受盘人作出：发盘是向特定的受盘人提出的，因此，只有指定的受盘人才能接受，若是由其他人对发盘表示同意，则不能构成接受。

接受的内容应与发盘的内容一致：在对外贸易的过程中，会存在受盘人在答复中表达了"接受"，却修改或增加了发盘内容的情况。这种情况下要考虑受盘人是否实质上变更了发盘的条件，如果修改了价格、付款方式和数量等内容，则为实质性变更，应属于还盘，不是有效接受。如果修改的内容属于非实质性变更，则仍构成有效接受。

从《联合国国际货物销售合同公约》（以下简称《公约》）第十九条的内容也可以看出，对于发盘表示接受，但增加、限制或修改发盘内容情况的，如果在实质上并未变更该项发盘的条件，除发盘人在不过分迟延的期间内以口头或书面通知反对其间的差异外，仍构成接受。《民法典》对于非实质性变更也有以下规定：

第四百八十九条　承诺对要约的内容作出非实质性变更的，除要约人及时表示反对或者要约表明承诺不得对要约的内容作出任何变更外，该承诺有效，合同的内容以承诺的内容为准。

接受是可以撤回的，《公约》中有以下相关解释：接受得予撤回，如果撤回通知于接受原应生效之前或同时，送达发价人。《民法典》也规定承诺可以撤回，相关规定如下：

第一百四十一条　行为人可以撤回意思表示。撤回意思表示的通知应当在意思表示到达相对人前或者与意思表示同时到达相对人。

第四百八十五条　承诺可以撤回。承诺的撤回适用本法第一百四十一条的规定。

可以看出承诺虽可以撤回，但撤回是有条件的。在国际贸易中，可能会因为各种原因导致接受通知晚于发盘人规定的有效期内送达，根据《公约》第二十一条，以下情况接受仍具有效力：

（1）逾期接受仍有接受的效力，如果发价人毫不迟延地用口头或书面将此种意见通知被发价人。

（2）如果载有逾期接受的信件或其他书面文件表明，它是在传递正常、能及时送达发价人的情况下寄发的，则该项逾期接受具有接受的效力，除非发价人毫不迟延地用口头或书面通知被发价人：他认为他的发价已经失效。

《民法典》对此则有以下相关规定：

第四百八十六条　受要约人超过承诺期限发出承诺，或者在承诺期限内发出承诺，按照通常情形不能及时到达要约人的，为新要约；但是，要约人及时通知受要约人该承诺有效的除外。

第四百八十七条　受要约人在承诺期限内发出承诺，按照通常情形能够及时到达要约人，但是因其他原因致使承诺到达要约人时超过承诺期限的，除要约人及时通知受要约人因承诺超过期限不接受该承诺外，该承诺有效。

信息拓展 《公约》中关于接受的相关规定

第十八条

（1）被发价人声明或做出其他行为表示同意一项发价，即是接受。缄默或不行动本身不等于接受。

（2）接受发价于表示同意的通知送达发价人时生效。如果表示同意的通知在发价人所规定的时间内，如未规定时间，在一段合理的时间内，未曾送达发价人，接受就成为无效，但须适当地考虑到交易的情况，包括发价人所使用的通信方法的迅速程度。对口头发价必须立即接受，但情况有别者不在此限。

（3）但是，如果根据该项发价或依照当事人之间确立的习惯作法或惯例，被发价人可以做出某种行为，例如与发运货物或支付价款有关的行为，来表示同意，而无须向发价人发出时通知，则接受于该项行为做出通知，但该项行为必须在上一款所规定的期间内做出。

1.4 加速合作的跟单引导

签单率低、签单周期过长，是很多跟单员在对外贸易谈单过程中常遇到的问题。要想更快地促成签单，跟单员需要把握好跟单时机，并适当地引导客户尽快做出最后决定。

1.4.1 合理报价敲开沟通的大门

报价在对外贸易中是很重要的一个环节，如果己方报价比竞争者高出很多，只会将客户推向竞争者；但如果报价过低，又会影响企业利润。在贸易合作过程中，价格显然是买卖双方都十分关心的，报价的高低会直接或者间接影响客户的合作意向。

那么跟单员要如何报价呢？在报价环节，给出的价格主要起参考作用，报价时需要考虑以下因素：

◆ 市场行情：报价需要考虑市场行情，市场整体行情向好时，采购商往往会用更多的预算来下单，此时，报价就不宜过低；市场整体行情低迷时，采购商会采取观望态度，往往不会用过高的价格去下单，此时，报价就不宜过高。

◆ 供需关系：市场供需关系的变化会对商品的价格产生影响，当供给大于需求时，商品价格会下降；当供给小于需求时，价格会上涨。有的外贸商品会有明显的季节性特点，生产旺季时供大于求，这时的报价相对较低；生产淡季时供小于求，报价就会抬高一些。

◆ 竞争对手：跟单员在做报价时还需要了解竞争对手的优劣势以及报价策略。比如竞争对手的产品与本企业相比具备优势，那么，报与竞争对手同等的价格，客户自然会选择产品更好的一方，这时，为拿下订单，跟单员需要适当降低利润空间来报价。

◆ 成本利润：报价需要考虑成本、管理费用和期望利润，大多数情况下，企业都是在成本的基础上增加一定的利润幅度来报价，这样才能持续生产和发展。运杂费是部分跟单员在报价时可能会忽略的，国际贸易会涉及送货费、报关杂费等费用，因此在报价时需要将运杂费考虑在内。

◆ 产品质量：产品质量的高低也会影响报价，同样使用价值的商品，质量等级不同，价格也会不同。

◆ 交易习惯：不同国家和地区交易习惯会不同，报价时需要考虑当地的消费水平，以及对产品包装、质量和运输等的要求。

◆ 汇率：报价时需要考虑人民币与另一种货币之间的汇率，外贸交易以美元结算居多，因此，跟单员需要重点考虑人民币与美元之间的汇率。

跟单员在给客户报价时应做好充足的准备，具体报价时有以下技巧可以运用：

①报价前先了解客户的需求，根据客户的需求去推荐合适的产品，然后再报价。对于首次合作的客户，前期可以报一个与市场行情相差不大的价格，在了解了客户对于该报价的接受程度后，再二次报价。

②首次报价应留有一定的弹性空间，实践中，订单成交常常会经过讨价还价的环节，如果不保留一定的还价空间，在讨价还价的过程中就没有多少降价空间，最终只能放弃交易或者亏损成交。

③报价后不应坐等客户的回复，而应积极跟进，询问客户是否收到报价，以及价格是否达到了客户的需求。

1.4.2　用外贸报价单做专业报价

报价单在一定程度上能体现跟单员是否专业、可靠。一般来说，如果报价的产品比较单一，那么只需通过邮件回复客户的询盘即可；如果产品种类较多，就需要使用报价单来报价，一份好的报价单应该具备以下作用：

- ◆ 能够提供产品的详细信息，包括产品名称、属性、规格、单价、付款方式等。
- ◆ 便于客户进行产品和价格比较，展开供应商筛选。
- ◆ 方便客户统计和存档。

外贸报价单有多种形式，包括图片式报价单、对比式报价单、分析式报价单和分割式报价单。

图片式报价单：将产品图片、名称、规格和价格等信息放在一张表单中，是比较常用的一种报价单。

对比式报价单：将公司的同类产品，或者不同质量等级的产品放一起进行报价比较，以供客户选择，也可以将本企业产品与竞争对手的产品进行价格比较。如果跟单员对市场行情足够了解，那么就可以选择对比式报价单。

分析式报价单：分析式报价单的特点在于它不仅给出了产品的报价，还对产品进行了分析说明，能够让客户对产品有更深入的了解。此类报价单使用较少，有时会用于老客户报价。

分割式报价单：此类报价单的特点是在报价时写明产品的价格组成。前期报价一般不采用分割式报价单，该报价单更适合还价环节，客户回复说价格太高时使用。

外贸报价单没有统一的格式，不同行业和公司的报价单具体内容是不同的，跟单员在制作报价单时需要注意以下细节：

①报价单的头部要包含卖方公司名称、地址和联系方式等基本信息，在开头部分写明收件人，即 To：××。

②客户在询价时一般会注明产品名称、包装要求、采购数量和付款条件等信息，跟单员在制作报价单时最好按客户的要求来报价。如果客户有不同的采购数量需求，可以按梯度来报价。

③产品的基本信息不能有误，如型号、名称、规格、颜色、尺寸和图片等。

④在报价单中写明价格、数量、付款方式和运输方式等必要条款。

⑤报价单制作完成后进行检查，避免内容或格式有误。

⑥可以向客户提供两个版本的报价单，Word 版本和 PDF 版本。Word 文档便于客户修改，PDF 便于文档不兼容时客户可以打开预览。

表 1-5 为某外贸公司报价单，供借鉴参考。

表 1-5　报价单

× × IMPORT & EXPORT CO.,LTD.							
Address: Tel:　　　　Mob:　　　　Fax:							
Quotation Sheet			Quoted No.:				
			Quoted Data:				
			Expiry Data:				
To:				ATTN:			
Tel:				E-mail:			
Add:							
S/N	Item Name	Product Description	Cert	QTY	Unit Price (USD)	Amount (USD)	Remake
OTHER TERMS & CONDITIONS：							
1) Shipping Term:							
2) Packing:							
3) Lead time:							
4) Payment Terms:							
5) Shipping way:							
6) Price would be changed under negotiation due to manufacturing cost and exchange rates move sharply.							

信息拓展 外贸报价单常见术语

Quotation Sheet（报价单）、S/N（产品序列号）、Item Name（产品名称）、Product Description（产品描述）、Cert（证书）、QTY（数量）、Unit Price（单价）、Amount（总价）。

1.4.3　把握跟单时机及时促成交易

外贸跟单过程中，面对不同的客户，跟单员应采取不同的跟进策略，从而有效促成签单。

（1）已报价客户

对于已报价客户，在确定客户收到报价后，跟单员需要了解客户对报价的想法，如果客户对报价不满意，要向客户说明报价的依据以及产品优势。跟单员遇到较多的情况就是客户认为价格贵，这时不要着急亮出底价，而应与客户沟通，了解客户的心理动机，然后考虑以下应对策略：

◆ 了解客户对产品的心理价位，看客户愿不愿意为产品支付合理的价格。

◆ 在确定是有效客户并能够降价的情况下，可以适当降价，但在降价的同时应告知客户优惠价格是争取来的，或者给出降价的条件，如增加订购量。

◆ 有的客户是因为对产品或服务有顾虑才会以价格贵为借口拒绝下单。针对此类客户，跟单员应强调产品品质，告知客户产品质量好在哪里，与同类产品相比有哪些差异或优势，主动消除客户的顾虑，增强客户的信任。

◆ 针对认可产品价值的客户，在无法降价的情况下，可以在其他方面给予客户一定的优待，如售后服务、付款条件等，以促成签单。

◆ 在价格合理的情况下，如果客户说贵只是习惯性的还价，对产品本身没有太多异议，那么跟单员应坚定地告诉客户产品物超所值、价格公道，让客户清楚价格是合理的。

（2）已寄样的客户

针对邮寄样品的客户，跟单员要把握三个跟进时点——寄样前、邮寄中以及样品送达后。寄样前向客户发一封邮件，告知客户样品即将寄出，同时向客户确认样品是否有误。寄出样品后告知客户快递单号，让客户知道样品大概什么时候能送到。跟单员要了解物流信息，在样品送达后询问客户是否已收到样品，确定客户收到样品后，等待客户的回复。

若客户没有回复，跟单员需主动跟进客户，了解客户对样品是否满意。针对已寄样的客户，在跟进过程中需要把握好频率，不可急功近利地催促客户发表对样品的意见，容易引起客户的反感。跟单员可以按一个月一次或两次的频率跟进客户，了解客户的签单意向，同时要在跟单过程中积极帮助客户解决问题，而不是一味地催促客户下单，让客户感受到己方的诚意，更利于成交。

（3）态度不明确的客户

面对态度不明确的客户，首先应让产品引起客户的兴趣，在跟进过程中将产品的核心优势以及价值传达到位，并了解客户的真实需求，给出有针对性的方案，然后再提出关于订单的事宜。

1.4.4　这几种外贸订单需谨慎对待

跟单员在从事外贸工作的过程中会发现，并不是所有的客户都是有效的意向客户，在面对以下几种情况时，跟单员需要谨慎对待。

◆ 免费邮寄样品

在跟单过程中经常会遇到客户要求寄样品，虽然提供样品是卖方义务，但跟单员一定要对客户进行甄别，看该客户是否是真实客户。在沟通过程中，如果客户对产品表现出极高的兴趣，那么此类客户大多是真实客户，跟单员可以邮寄样品，以促进客户下单。但如果客户不聊产品，而是一开始便要求寄样品，没样品免谈，那么跟单员就要提高警惕了，此类客户可能并不是真实客户。

跟单员寄样品时还需考虑成本，这就涉及样品费的收取。如果样品并不贵重，针对老客户和意向特别强烈的客户，可以免费邮寄样品。如果邮寄样品的成本较高，那么可以与客户沟通样品成本的问题，一般来说，只要沟通到位，真实的客户是可以理解的。

◆ 需求含糊

客户的需求含糊，对于产品的规格、数量等并没有明确的需求，仅仅要求企业报价，针对此类订单，跟单员也需要留意。客户如果有真实的求购需求，那么通常都会有详细的需求说明，面对需求不明只要求报价的客户，要注意是否为同行的试探。

◆ 点击邮件链接

在跟单过程中，跟单员可能会遇到对方表示有下单意愿，但对于产品并没有太多咨询，而是以各种理由让己方点击邮件中的链接。面对这种情况，跟单员也需要谨慎，邮件中的不明链接最好不要轻易点击，因为有可能是钓鱼链接，这类潜在客户往往也不是真实客户。

◆ 交期紧的订单

跟单员在接订单时需要考虑从生产到运输花费的所有时间，有的订单从下达日开始至交付日之间的时间很短，按正常交期来算可能会出现无法按期交货的情况。对于此类订单，如果确实无法在指定日期出货，跟单员一定要告知客户，如果客户无法接受，那么宁愿不接订单也不要冒违约风险。

第2章

外贸签单与订单的处理

当双方对交易达成一致后，就可以进入订单签订环节。在签单过程中，跟单员需要对订单进行审核，为保证双方的合法权益，订单要以合同的形式加以确定。另外，跟单员对信用证的跟催和审查也需要了然于胸，这直接关系到买卖双方的切身利益。

IMPORT

EXPORT

2.1　接到订单后的跟单处理

接到客户的订单并不代表跟单员的工作结束，跟单员还需要对订单进行审核和确认，这是非常重要的一个流程，目的在于更有效地执行订单。

2.1.1　做好订单录入与整理

在接到客户的订单后，跟单员需要做好订单的录入和整理工作。中小型外贸企业可能没有订单管理软件，这时需要利用 Excel 表格来登记和整理订单。对于配备了订单管理软件的企业来说，只需在内部管理系统中录入订单即可。

当然，利用 Excel 表格统计和管理订单适用于各类外贸企业，跟单员可借此及时跟踪订单，表 2-1 为订单登记表。

表 2-1　订单登记表

订单日期	订单状态	订单号	客户姓名	国家 / 地区	客户邮箱	询盘日期

在录入和整理订单的过程中，跟单员可以按订单状态进行分类管理，如将订单分为待付款订单、待确认订单、待发货订单、已发货订单、已完成订单和已取消订单等，方便了解不同订单的进度。订单状态有更新后，

需及时对订单信息进行更改，避免漏单或跟单出错，表2-2为订单进度管理表。

表 2-2　订单进度管理表

客户名称		订单号		订单数量	
下单日期		产品编号		品名规格	
客户交期		交货地点			
订单备注	（填写客户对订单的特殊要求）				
部门		管理内容			
市场部	订单种类	□样品订单		□正式订单	
	产品形态	□已量产		□需研发	
	客户信息提供	□样品		□资料和图片	
	要求交期				
	预计出货日期				
仓库	材料状况	□有库存		□有欠料	
	欠料明细				
采购部	下单日期				
	预计交期				
生产部	预计生产日期				
	预计入库日期				

2.1.2　不可马虎的订单审查环节

订单审查是确保交易顺利进行的一项管理活动，按订单是否有特殊要求，可分为常规订单和非常规订单的审查。对于常规订单，主要审查订单条款是否有误，包括以下内容：

◆ 商品参数：包括商品的名称、编号、尺寸和规格等，商品的参数必须明确，如果弄错其中一项便可能导致发错货。商品的品名最好使用国际上通用的名称，中英文名称要准确统一，如果要使用地方性名称，双方应对品名的含义理解一致。

◆ 质量要求：客户在订购商品时若对质量提出了要求，跟单员则要对企业的生产能力和技术水平进行评审，以了解商品的材质、工艺和品质等能否达到订单标准，同时确认质量标准是否与客户协商的一致。不同的产品，质量要求会有所不同，如凭标准（国家标准、行业标准等），凭图纸和说明书，凭等级等。

◆ 商品数量：跟单员需要审查订单中的商品数量、计量单位是否准确无误，不同产品的计量方式是不同的，如千克、吨、个数和体积等。同时还要评审产成品的库存、物料库存和采购周期等，以判定产能是否足够，若不足够，跟单员需要与其他部门沟通协调。

◆ 商品价格：主要审查价格是否合理，在不同的贸易术语下，价格的构成因素会有差异，这一点需要跟单员特别注意。在订单洽谈过程中，若客户要求改报其他术语，还会涉及价格的换算问题，跟单员应审查价格换算是否正确，同时对币种、计价单位进行审查。

◆ 交货期限：审查交货期限是否合理，同时根据企业的产能来判断能否满足客户的交期要求。交期紧张或者无法满足交期而硬接下的订单，会存在风险隐患，跟单员需要提前做好应对措施。注意，跟单员与客户协商的交货期应是一个期限范围，而不是具体的某一天。

◆ 付款方式：对付款方式的审查主要是看该付款方式企业能否接受，若不能接受，跟单员需要及时与客户协商。

◆ 包装要求：主要审查产品能否满足客户对包装的要求，如果客户提供了包装资料，则要查看包装资料是否齐全，内容是否有误。

◆ 交货方式：国际贸易中的交货方式有多种，跟单员应审查交货方式是否恰当。

以上是常规订单的审查内容，常规订单一般可根据历史数据和经验来评审交期、质量要求等是否恰当。

非常规订单主要是指对产品有个性化需求的订单，此类订单不仅要审查以上基本信息，还要注意评审以下几方面：

客户的具体要求：明确客户提出的特殊要求有哪些，一般来说，此类客户都会提供相关的资料文件，跟单员需要审查必要资料和辅助资料是否完整，内容是否明确，如产品规格、包装方式、交期等。

品质要求：客户对于产品工艺、品质的特殊要求，需要生产部、技术部共同评审，以评判生产的难度，以及是否能满足订单要求。

生产能力：需结合订单的特殊要求对企业的生产能力进行评审，以确定生产周期和交货期限，审查是否能满足订单要求。

做好订单评审能够有效避免违约风险，避免下达生产订单后才发现无法按期交货，或者现有技术无法满足产品要求的情况。

信息拓展 **FOB 价、CIF 价和 CFR 价**

FOB 价指船上交货价，由卖方承担货物装上船之前的一切费用，买方承担起运港至目的地的运输费和保险费等。CIF 价指成本加保险费、运费，由卖方承担货物自装运港到目的港的运输费和保险费等，但并不承担保证把货送到约定目的港的义务，即在 CIF 术语条件下，卖方在装运港交货，不是在目的港交货。CFR 价指成本加运费，由卖方承担将货物运至指定目的地港所需的费用，货物的风险在装运港船上交货时转移，适用于海运或内河运输。

2.1.3 给客户发送订单确认邮件

跟单员根据订单评审的结果，对于不能满足客户要求的部分，需要与客户协商，若双方无法就订单条款达成共识，则需要取消订单。若各项条款都满足，则给客户发送订单确认邮件，目的是让客户确认订单内容是否有误，同时也提醒客户，订单已被己方接收。

订单确认邮件并没有固定格式，通常包含以下内容：

①表达收到订单的感谢。

②告知对方订单已收悉。

③需要客户确认的订单基本信息，如订单号、商品名称、数量、价格、收货地址和退货政策等。

④预计发货时间。

⑤询问客户是否对订单有疑问。

除了以邮件方式确认订单外，还可以采用电话、社交软件等方式，但主要还是以邮件为主，如下示例为订单确认邮件常用句式，供借鉴参考。

示例

Thank you very much for your recent order for

非常感谢您最近订购我们的……

示例

We have received with thanks your order for

我们已收到贵方 ×× 订单，谢谢。

示例

If you have any questions about your order, please feel free to contact me at any time.

如果您对订单有任何疑问，请随时与我联系。

> **示例**
>
> The goods will be dispatched within the next seven days.
>
> 我们将在接下来的 7 天内发货。

2.2　合同的签订与跟进

在国际贸易中，为更好地保护双方的合法权益，买卖双方需要按协商的内容签订合同。签订合同能够促使双方按约定履行承诺，降低违约风险。在合同履行过程中，如果一方违约，也能依据合同条件要求对方承担法律义务。

2.2.1　外贸合同的主要条款

国际贸易合同的主要条款有标的、数量、品质、价格、包装、装运、支付方式、不可抗力、违约金、争议解决方式以及法律适用等。

◆　标的

合同标的是合同法律关系的客体，任何合同都需要标的物，国际贸易合同也不例外。在签订外贸合同时，双方应约定清楚标的物的品名，为避免引起纠纷，最好使用国际通用名。跟单员需要特别注意同物异名和同名异物的情况，在合同中不要混乱使用品名，同一种货物若有多种中英文名称，在合同中应统一使用一种。

◆　数量

数量条款用以衡量货物的重量、体积或个数等，数量条款应约定交货量、计量单位和计量方法。在约定数量条款时需要注意各国的度量衡制度，不同国家度量衡制度的不同，会导致同一计量单位所表示的数量有差异。根据货物的性质，常用的计量单位有重量单位（weight）、数量（number）、长度（length）、面积（area）、体积（volume）和容积（capacity）。

◆ 品质

品质条款用以约定货物的质量、规格、等级等，某些货物习惯于凭标准买卖，在合同中就要写明采用的是哪种标准以及标准版本的年份。部分货物无法简单衡量品质，可以用实物样品、说明书或图样等来表示商品质量。其中，凭实物样品衡量质量的货物，可以以卖方样品或买方样品为准，主要看双方的约定，当然也可以凭对等样品来交易。

对于品质不好控制的货物，为保证合同的顺利履行，双方可以在品质条款中采取灵活变动的约定方式，具体有以下三种：

①约定一定幅度的品质公差，如允许重量有 ×% 的合理公差。

②约定交货品质的机动幅度，如产品含 ×× 的量为 90%，允许上下 1% 的浮动。

③约定品质与样品大体相同，主要针对凭样品买卖的货物。

◆ 价格

价格条款的主要内容有单价、金额、计价货币和价格条件等。在约定价格条款时，双方应明确成交价格，选择有利的贸易术语，写明具体的作价方法。如每千克 ×× 美元 FOB 上海，这里的计量单位为千克，计价货币是美元，贸易术语是 FOB 上海。

◆ 包装

在国际贸易中，买卖双方都很重视包装问题，包装按作用可分为运输包装和销售包装两大类，具有保护货物品质的功能。在订立合同时，双方应明确包装材料、包装方式、规格、运输标志（唛头）和包装费用的承担问题。根据《公约》第三十五条的规定，卖方交付的货物必须与合同所规定的数量、质量和规格相符，并须按照合同所定的方式装箱或包装。

◆ 装运

装运条款的主要内容有装运时间、运输方式、装运地（港）与目的地（港）、装运方式和装运通知等。其中，装运时间有以下几种常见的约定方式：

①明确约定具体的装运时间，如 2024 年 12 月装运、2024 年 12 月 31 日前装运。

②约定在收到信用证后一定时间内装运，如收到信用证后的 7 天内装运，这种约定方式能够避免买方未开立或未及时开立信用证带来的风险。

③笼统约定近期装运，如尽快装运。这种约定方式容易产生纠纷，应尽量避免使用。

在 FOB、CIF 和 CFR 合同中，装运地即指装运港。装运方式包括分批装运和转运，主要有允许分批，不允许转船；允许分批，允许转船；允许转船，不允许分批三种。为促进买卖双方做好船货衔接或投保工作，装运条款中通常都要约定装运通知条款。

◆ 支付方式

支付方式即用何种方式付款，主要包含支付工具、支付方式以及支付时间和地点。国际贸易中主要的支付工具是货币和汇票，支付方式主要有信用证、汇付和托收，支付时间主要有预付款、即期付款与延期付款三种，支付地点一般是付款人或其指定银行所在地。

◆ 其他条款

在合同签订后，买卖双方也可能遇到一些无法预见、避免和预防的意外事故，致使合同不能正常履行，因此，国际贸易合同中也会约定不可抗力条款。除此之外，双方还会约定违约金条款，目的在于确保双方能有效履行合同，为体现公平合理原则，违约金不可太高，也不能过低。

在国际贸易合同履行的过程中双方难免会产生争议，因此约定争议解决方式条款非常重要。仲裁是国际贸易中争议解决的常用方法，双方可在合同中约定仲裁条款，主要内容有仲裁机构、适用的仲裁程序规则、仲裁地点及裁决效力等。

不同国家的政治、经济、法律制度是不同的，这可能会导致买卖双方在开展贸易合作的过程中产生法律冲突与法律适用问题，因此，买卖双方在合同中有必要约定解决合同争议的法律适用条款。

2.2.2　识别国际贸易合同风险

在签订合同的过程中，跟单员需要注意防范合同风险，国际贸易合同在签订时可能出现以下一些风险。

（1）拒签书面合同

虽然国际贸易合同能以口头方式订立，但是口头合同会存在"口说无凭"的风险，如出现以下情况：

◆ 付款时间不明确，客户拖延付款。

◆ 货物品质标准不明确，双方因货物质量问题产生纠纷。

◆ 发生纠纷时难以举证证明合同关系的存在。

为避免口头合同带来的风险，跟单员最好与客户签订正式的书面合同，通过书面合同约定双方的权利和义务。在开展国际贸易的过程中，双方为了快捷和便利，有时会在不签订书面合同的情况下进行交易。这时跟单员就要注意在交易过程中保存相关证据，如往来函电、聊天记录、订单凭证、装箱单等。

虽然国际贸易合同不以签订书面合同为成立要件，但如果因未签订合同发生了纠纷，要证明买卖合同关系的成立是很耗费时间和精力的。因此，如果遇到拒签书面合同的客户，跟单员就要引起注意了，应充分考虑到不签书面合同所带来的风险。特别是涉及金额较大的货物交易，签订书面合同能保证交易的安全，也为买卖双方长久合作提供保障。

在交易磋商的过程中，双方可以约定合同的成立以签订正式合同确认书为准，以避免电子邮件、传真等电子证据的缺失。

（2）合同条款约定不明

在签订合同时，合同条款约定不明也容易带来风险。合同条款内容应具体详细、协调一致，如果内容含糊不清，在合同履行过程中很容易引发纠纷。避免合同条款风险的有效方法如下：

①最好进行合同审查工作，加强合同管理。外贸企业可以让熟悉国际条约，有足够法律知识的人员负责合同的签订、审查、指导和监督工作。

②跟单员应该提高自身业务素质，熟悉国际贸易知识和相关法律法规，掌握合同订立的法律知识。

③提高风险防范意识，签订合同时对关键条款谨慎推敲，确保条款的表述准确、清楚，避免主要条款约定不当。

（3）合同主体瑕疵

在签订合同时，跟单员既要保证自身具备合同主体资格，也要了解清楚对方的主体资格、资信情况等。合同主体瑕疵会影响合同效力，导致合同无效或效力待定，包括以下几种情况：

①合同主体未取得相关资质文件。

②合同标的不在经营范围之内。

③合同签订人并未取得授权，或不具备代理签订合同的条件。

④合同主体履约能力不足，曾有违约行为，给合同履行带来风险。

⑤虚构合同主体欺诈，如虚构不存在的公司、无贸易资格的主体冒充有贸易资格的主体订立合同。

为避免合同主体瑕疵和欺诈带来的风险，跟单员在签订合同时应严密、谨慎，并要求对方提供资信方面的材料，同时做好资信调查工作。

2.3 信用证的跟催

信用证（letter of credit，L/C）是国际贸易主要和常用的支付结算方式，是银行根据申请人（进口人／买方）的要求和指示开立的，一种保证承担支付货款责任的书面凭证。

在国际贸易活动中，买卖双方都可能担心交易的安全性，买方担心预付款后，卖方不按约定发货；卖方担心发货后买方不付款。这时以银行信用作为担保，让银行作为买卖双方的保证人代为收款交单，在一定程度上解决了买卖双方互不信任的问题。

信用证由买方向银行申请办理，实践中，可能存在买方不及时办理开立信用证手续，或有意拖延开证的情况，这会影响货物的装运。因此，跟单员需要跟踪了解买方的开证情况，重视催证工作。

2.3.1 信用证的主要内容

信用证并不依赖于买卖合同，是独立于合同之外的文件。在信用证付款条件下，开证行承担第一付款责任。信用证业务只涉及单据的处理，并不涉及货物，只要卖方按要求提供了相应的单据，银行就会支付货款，从信用证的开立到付款会经过多个环节，图 2-1 为信用证总体流程。

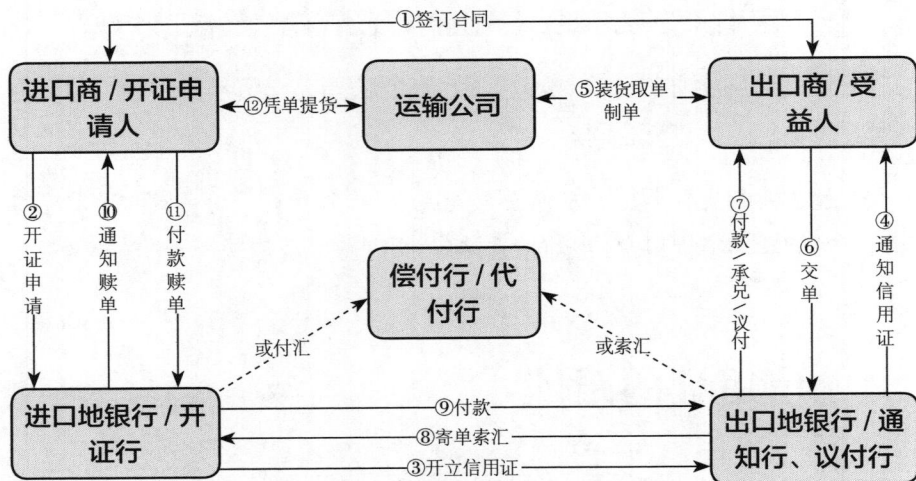

图2-1　信用证总体流程

在图2-1中，偿付行是受开证行委托，代开证行偿还议付行垫款的银行。通知行是出口地所在银行，负责信用证的通知以及修改和其他信息的通知，大多数情况下和议付行为同一家银行。

信用证有多种类型，按不同的分类方式可分为跟单信用证、光票信用证、不可撤销信用证、可撤销信用证、保兑信用证、不保兑信用证、即期信用证、远期信用证和议付信用证等。其中，跟单信用证在国际贸易结算中使用较多，如下为跟单信用证例样。

From: Citibank International, LosAngeles, U.S.A.

TO: Bank of China Qingdao Branch, Qingdao, CHINA

（27）Sequence of total: 1/1

（40A）Form of documentary credit: irrevocable

（20）Credit No. 15233××

（31C）Date of issue: 210906

（40E）Applicable rules: UCP Latest version

（31D）Date and place of expiry: 211102 U.S.A.

（50）Applicant: United Overseas × × Corporation

　　× ×, Street A682, LosAngeles, U.S.A.

（59）Beneficiary: Qingdao × × CO.,LTD.

　　× × Road 52, Qingdao, P.R. CHINA

（32B）Currency code, Amount: USD 50,000.00

（39A）Precentage credit amount tolerance: 10/10

（41A）Credit available with × × bank by deferred payment at

（42P）Deferred payment details: At 90 Days After B/L Date

（43P）Partial shipments: Not allowed

（43T）Transshipment: Not allowed

（44E）Port of loading/airport of departure: Qingdao port, China

（44F）Port of discharge/airport of destination: LosAngeles port, U.S.A.

（44C）Latest date of shipment: 211017

（45A）Description of goods

+Trade terms: CIF LosAngeles port, U.S.A.

Origin: China

+71000M of 100% Polyester woven dyed fabric

At USD0.75 Per M

Width: 150 cm, >180 G/M2

（46A）Documents required

+Signed commercial invoice in threefold

+Full set of clean on board ocean bill of lading made out to the order and blank endorsed, notify: applicant（full address）marked freight prepaid

+Signed detailed packing list

+Certificate of origin

（47A）Additional condition

10pct more or less in amount and quantity allowed

（71B）Charges

all charges and commissions outside U.S.A. are for beneficiary's account

（48）Period for presentation

within 15 days after shipment but within the validity this credit

（49）Confirmation instructions: without

（78）Instructions to the paying/accepting/negotiating bank

At maturity date, upon receipt of complying documents C/O ourselves, we will cover the remitting bank as per their instructions

结合上述信用证例样，来看看信用证的主要内容，见表 2-3。

表 2-3　信用证的主要内容

编码	名称	释义
—	From	开证行
—	TO	通知行
27	Sequence of total	电文序列，一般是 1/1
40A	Form of documentary credit	跟单信用证格式（大部分为不可撤销信用证）
20	Documentary credit number	跟单信用证号
31C	Date of issue	开证日期
31D	Date and place of expiry	到期日和到期地点
50	Applicant	开证申请人
59	Beneficiary	受益人
32B	Currency code, amount	货币代码和金额
39A	Precentage credit amount tolerance	信用证金额上下浮动百分比

续表

编码	名称	释义
41A	Available with...by...	兑付方式
42P	Deferred payment details	延期付款细节
43P	Partial shipments	分批装运
43T	Trans shipment	转运
44E	Port of loading/airport of departure	装运港 / 始发航空站
44F	Port of discharge/airport of destination	卸货港 / 目的航空站
44C	Latest date of shipment	最晚装运期
45A	Description of goods and/or services	货物 / 服务描述
46A	Documents required	单据要求
47A	Additional conditions	附加条款
71B	Charges	费用负担
48	Period for presentation	交单期限
49	Confirmation instructions	保兑指示
78	Instructions to the paying/accepting/negotiating bank	对付款行 / 承兑行 / 议付行的指示

跟单信用证的国际惯例依据是《跟单信用证统一惯例》，简称 UCP600，新版于 2007 年 7 月 1 日生效，是处理信用证业务主要国际惯例。由于只是惯例，因此不具备普遍的法律约束力，但买卖双方可以参照该惯例来处理信用证问题及相关纠纷。

2.3.2　客户拖延开证如何催开

在双方约定采用信用证方式付款的条件下，买方应该根据合同的约定开立信用证。但具体履行合同的过程中，买方可能会因为某些原因拖延开证，如市场行情变化或缺乏资金等，这时跟单员就有必要催促对方办理开证手续。一般来说，跟单员遇到以下情形时，就需要跟催信用证。

◆ 合同约定了信用证的开立期限，但买方未在期限内开立信用证，其行为已构成了违约。在这种情况下，如果企业不希望中断交易，那么跟单员可以催促对方开证，并保留索赔权。

◆ 买方的信用或资信不佳，有过故意拖延开证的情况。从控制风险的角度出发，跟单员有必要提醒对方开立信用证，保证交易能按合同约定进行。

◆ 合同的签约日与具体的履约日间隔时间较长，为避免客户遗忘，同时也表示己方对交易的重视，跟单员需要在合同约定的开证日之前提醒对方及时开立信用证。

◆ 货物已经备妥并可以提前装运，跟单员在与客户协商后，若对方同意装运，跟单员就有必要提醒对方信用证的开立事宜。

提醒或催促对方开信用证，可以通过邮件、传真或其他通信工具。一般以邮件形式向客户发送一封催开函即可，在撰写催开函时需要注意以下几点：

①催开函的一般内容包括货物的交易信息、未收到信用证的事实阐述、合同中对信用证付款的相关约定以及开立信用证的请求事宜。

②注意催开函的口吻，语气不宜强烈，也不能有责备和厌烦之意。如图 2-2 所示为催证函电，供借鉴参考。

上述催证函的正文内容表达的中文意思大致为：我们非常高兴和贵公司达成协议并签署了编号为××××的合同，请注意装运期越来越近，有必要尽快开立信用证了。为了避免后续的修改，请确保信用证中的条款严格符合合同中的条款。

×××× ×××× CO.,LTD.　　RM3201,×× MANSION, ××××RD,

NANJING, CHINA

TEL: ××－××××　FAX: ××－××××

E-mail: ××@××.com

TO: ×××× ×××× CO.,LTD.

FROM: ×××× ×××× CO.,LTD.

DATE: Mar.25, 20××

RE: ××××××

Dear Mr.××,

We are so glad that we made a conclusion with you and signed the contract No.××××. Please note that the delivery date is approaching and to open the relative L/C immediately is necessary.

To avoid the subsequent amendment, please make sure that the stipulations in the L/C must be strictly conformed with those of the contract.

Yours faithfully,

×××× Co., Ltd.

×× Department

××××

图 2-2　催证函电

2.3.3　受理信用证通知书

客户提交信用证开证申请并开立信用证后，随信用证一起交给企业的还有"信用证通知书"。信用证通知书中列明了信用证的基本信息，包括信用证的编号、开证行、金额和有效期等，如图 2-3 所示为信用证通知书样本。

中国银行

BANK OF CHINA

170 People Avenue, Shanghai, China
FAX:86-21-52896599

信 用 证 通 知 书
NOTIFICATION OF DOCUMENTARY CREDIT

日期:190729

TO 致: AIGE IMPORT & EXPORT COMPANY ROOM 2501, JIAFA MANSION, BEIJING WEST ROAD, SHANGHAI 200001, P.R.CHINA	WHEN CORRESPOND NG PLEASE QUOTE OUT REF NO.	AD94001A40576
ISSUING BANK开证行 THE BANK OF TOKYO-MITSUBISHI, LTD.	TRANSMITTED TO US THROUGH 转递行 REF NO.	

L/C NO.信用证号 002/0000001	DATED 开证日期 20190729	AMOUNT 金额 USD 108000	EXPIRY PLACE 有效地 RIQING EXPORT AND IMPORT C(
EXPIRY DATE 有效期 20190830	TENOR 期限	CHARGE 未付费用	CHARGE BY 费用承担人 BENE
RECEIVED VIA 来证方式 SWIFT	AVAILABLE 是否生效 VALID	TEST/SIGN 印押是否相符 YES	CONFIRM 我行是否保兑 NO

DEAR SIRS 敬启者：
WE HAVE PLEASURE IN ADVISING YOU THAT WE HAVE RECEIVED FROM THE A/M BANK A(N) **LETTER OF CREDIT**, CONTENTS OF WHICH ARE AS PER ATTACHED SHEET(S).
THIS ADVICE AND THE ATTACHED SHEET(S) MUST ACCOMPANY THE RELATIVE DOCUMENTS WHEN PRESENTED FOR NEGOTIATION.
兹通知贵公司，我行收自上述银行信用证一份，现随附通知。贵公司交单时，请将本通知书及信用证一并提示。

REMARK备注：
    PLEASE NOTE THAT THIS ADVICE DOES NOT CONSTITUTE OUR CONFIRMATION OF THE ABOVE L/C NOR DOES IT CONVEY ANY ENGAGEMENT OR OBLIGATION ON OUT PART.

THIS L/C CONSISTS OF   SHEET(S), INCLUDING THE COVERING LETTER AND ATTACHMENT(S).
本信用证连同面函及附件共   纸。

IF YOU FIND ANY TERMS AND CONDITIONS IN THE L/C WHICH YOU ARE UNABLE TO COMPLY WITH AND OR ANY ERROR(S), IT IS SUGGESTED THAT YOU CONTACT APPLICANT DIRECTLY FOR NECESSARY AMENDMENT(S) SO AS TO AVOID ANY DIFFICULTIES WHICH MAY ARISE WHEN DOCUMENTS ARE PRESENTED.
如本信用证中有无法办到的条款及/或错误，请迳与开证申请人联系，进行必要的修改，以排除交单时可能发生的问题。

THIS L/C ADVICE IS SUBJECT TO ICC UCP PUBLICATION NO.600.
本信用证之通知系遵循国际商会跟单信用证统一惯例第600号出版物办理。

此证如有任何问题及疑虑，请与结算业务部审证科联络，电话：

YOURS FAITHFULLY
FOR 中国银行

图 2-3   信用证通知书样本

企业在收到信用证通知书后，需要受理并审核信用证条款是否与合同一致，如果与合同符合，即可接受信用证；如果与合同不符，就需要对信用证进行修改，这就会涉及改证环节。在信用证符合合同约定的情况下，外贸企业根据信用证和合同的要求生产备货或出运，并备齐信用证所需的货运单据。

2.3.4　收到来证后的登记管理

外贸企业收到国外来证后，需要做好登记工作，以便查阅管理，降低信用证收款风险。跟单员可以制作信用证登记管理表，用于填写信用证信息，主要包括信用证编号、合同编号、金额、开证行和信用证有效期等内容，表2-4为信用证登记管理表。

表 2-4　信用证登记管理表

信用证编号	合同编号	开证行	货物描述	信用证金额	货物交期	信用证有效期

2.4　信用证的审核和修改

信用证审核是很重要的一项工作，这关系到己方的收汇和合同履行。信用证审核的关键是检查信用证条款是否与合同存在冲突或不一致的地方，跟单员需要对存在问题的地方提出修改。

2.4.1　如何快速审核信用证

如何审核信用证是跟单员需要掌握的技能，信用证的审核需要依据国内有关政策、外贸合同、《跟单信用证统一惯例》以及国际贸易的一些习惯做法。在实际的单证业务中，跟单员可能常常会遇到信用证与合同条款不符的情况，原因可能有以下几种：

- ◆ 客户在开证时因疏忽导致一些关键单词写错了。
- ◆ 开证行工作差错造成的。
- ◆ 客户有意添加了一些不合理的条款。
- ◆ 受某些国家或地区的习惯做法的影响。

那么跟单员要如何审核信用证呢？主要需审核的内容见表2-5。

表2-5　信用证审核内容

内容	审核要点
开证日期	是否按合同约定的期限开出信用证
信用证金额	信用证中的金额、币种、单价、数量等是否与合同一致
信用证性质	信用证是否不可撤销，国际贸易中使用的多为不可撤销信用证，若信用证明确表明是可以撤销的，一般不予接受
有效期	信用证的有效期一般为开船后的15天内，信用证的到期日要符合合同的规定，原则上不要接受信用证国外到期，因为规定信用证国外到期，有关的单据就需要寄送国外，这会带来一定的风险。根据《UCP600》的规定，信用证必须定一个交单的截止日（《UCP600》文本中将有效期翻译为"截止日"，在实际业务中常被称为有效期）
信用证声明	信用证是否声明所应用的国际惯例，国际惯例不是法律，因此，要适用该惯例，应在信用证上注明
是否有生效条款	如果信用证中有生效条款，意味着信用证需要在满足条件的情况下才能生效

续表

内容	审核要点
名称和地址	核对开证申请人和受益人的名称和地址是否正确
货物描述	结合合同审核信用证中对货物的描述，包括品名、规格、单价、数量、包装、唛头等是否与合同规定的一致
装运条款	包括装运港、目的港、装运期、装运方式、转船运输等是否与合同约定相符，目的港不能笼统，如果存在重名，需要加上国别。注意审查装运期是否恰当，装运期应是一个时间段；对于装运方式，主要审查是否允许分批装运。一般情况下，货物都是允许转运的，除非合同另有规定
保险条款	结合采用的贸易术语，确认应由哪方负责办理投保手续
单据条款	信用证中会规定受益人需给银行提交的议付单据，跟单员需注意相关单据能否出具，同时注意审查是否有特殊的单据要求条款
费用承担	查看信用证中规定的各项银行费用由谁来承担

结合信用证的审查要点，跟单员可以制作信用证审查单，将存在问题的项目标示出来，这样就可以清晰地看出信用证中有哪些条款与合同不符，表 2-6 为信用证审查单。

表 2-6　信用证审查单

1. 信用证文本格式　　　　□信开　　　　□电开　　　　□SWTFT
2. 信用证号码_____
3. 通知银行编号_____ □未注明
4. 开证日_____
5. 到期日_____
6. 到期地点_____
7. 付款方式　　　　□付款　　　　□承兑　　　　□议付
8. 货币_____
9. 金额（具体数额）_____
10. 最高限额规定（具体数额）_____ □未注明
11. 金额允许增减幅度_____ □未注明
12. 交单期（中文）_____

续表

13. 开证申请人_____	
14. 受益人_____	
15. 开证银行_____	
16. 通知银行_____	□未注明
17. 议付银行_____	□未注明
18. 付款 / 偿付银行_____	□未注明
19. 货物名称_____	
20. 合同 / 订单 / 形式发票号码_____	□未注明
21. 合同 / 订单 / 形式发票日期_____	□未注明
22. 价格 / 交货 / 贸易术语_____	
23. 最迟装运日_____	
24. 装运港_____	
25. 目的港_____	

26. 分批装运　　　□允许　　　　　□不允许

27. 转运　　　　　□允许　　　　　□不允许

28. 运输标示_____ □未注明

29. 运输方式　　　□海运　　　□空运　　　□陆运

30. 向银行交单列表

单据名称	份数

备注：

信息拓展 **什么是 SWIFT 信用证**

凡通过 SWIFT 系统开立或予以通知的信用证都叫作 SWIFT 信用证，在国际贸易结算中，SWIFT 信用证是正式的、合法的，被信用证各当事人所接受的国际通用信用证。

2.4.2　如何识别信用证中的软条款

软条款有时又被称为"陷阱条款"，跟单员在对信用证进行审核时，如果不能识别软条款，可能会将己方置于不利或被动地位中。软条款是在不可撤销信用证中加列的一种条款，常见的软条款有以下一些内容：

◆ 信用证的生效有条件，如待开证行另行指示或通知后方能生效，如规定待进口许可证签发后通知生效、待申请人确认货样后生效。此类软条款会导致出口商处于被动地位，给开证行拒付创造条件。

◆ 由开证申请人或授权的人出具和签署货物检验证明，此类软条款对卖方来说具有两方面的限制，一是货物检验需开证申请人的指定人完成；二是检验证须由申请人或指定的人签发。如果市场行情发生不利于卖方的情形，比如行情下跌，进口商找到了价格更低的货物，那么进口商就可以利用该条款不检验货物，卖方也拿不到信用证结汇所需的单据。

◆ 印鉴由开证行证实方可议付，该条款使得印鉴需开证行证实。根据《UCP600》，银行只负责审核单据，该软条款排除了《UCP600》相关条款的适用性，也会对交单付款带来影响。

◆ 对付款增加条款，如规定开证行在收到开证申请人的款项之后安排付款。该软条款会使卖方处于不利地位，即使卖方交单全部相符，开证行也可以以未收到开证申请人的款项为由拒绝承兑。

◆ 信用证规定由开证申请人通知船名、装船日期、目的港和验货人后，受益人才能进行装船，或者规定受益人凭开证申请人提交的发货通知装运货物，这会使运输事项由买方控制。

◆ 规定信用证必须遵守开证行所在国的法律，对受益人来说，该条款会导致己方失去国际惯例的保护。

◆ 信用证前后条款互相矛盾，受益人无法做到单单一致。如货物描述要求 FOB 贸易条件，但提单要求"FREIGHT PREPAID"。

以上软条款仅为冰山一角，实践中，很多软条款具有隐蔽性，常出现在"附加条款""致银行指示"或"单据要求"一栏中。跟单员在判断软条款时也不能简单地下结论，还需结合交易习惯和经常性做法来做辨别，部分条款并不必然就是软条款。

不过，大部分的软条款都在付款和单据两方面做文章，所以，跟单员需要重点审查与付款和单据有关的条款，看其中是否存在软条款。

为了减少信用证在实践中产生的歧义，《UCP600》也对信用证中容易引起歧义的地方进行解释说明，如以下部分内容：

①如情形适用，单数词形包含复数含义，复数词形包含单数含义。

②信用证是不可撤销的，即使未如此表明。

③"从……开始（from）"及"在……之后（after）"等词用于确定到期日时不包含提及的日期。

2.4.3 如何拟写改证函

对信用证进行审核后，若发现有遗漏、差错或者存在风险条款，那么跟单员需要及时回函告知客户，向对方提出修改。改证函的主要内容包括以下三个方面：

①告知已收到对方开来的信用证，并表示感谢。

②列明与合同不符的相关条款，并说明如何修改。

③希望对方尽快开出信用证修改书。

如下示例为信用证改证函，供借鉴参考。

示例

We have received your L/C for order No.435 with many thanks.

However, on checking its clauses we found with regret that your Letter of Credit has several mistakes. You are kindly requested to make the below amendments:

1. Extend shipping date to September 30.

2. Permit partial shipments.

3. "Freight Prepaid" should be "Freight Collect".

4. The credit is to be valid for negotiation in China instead of in Italy.

All other terms and conditions remain unchanged. Please make the requested amendments to the L/C as soon as possible so that we can effect shipment in time.

A prompt reply will greatly oblige us.

译：我们已收到贵方为 435 号订单开出的信用证，万分感谢。然而，经过条款核对，我们遗憾地发现贵方信用证有几处错误。请做以下修改：

1. 延长装运日期为 9 月 30 日。

2. 允许分批装运。

3. "运费预付"应该改为"运费到付"。

4. 信用证应在中国议付有效，而不是在意大利。

所有其他条款及条件保持不变。请尽快修改信用证，以便我们及时装运。

敬请迅速答复，不胜感激。

外贸企业可以成立信用证小组，负责信用证审核、修改以及递交开证行所需相关材料等工作。如果跟单员收到的是信用证草稿，也需要对草稿进行审核，若无误，则联系买家开出信用证正本；若有不符点，则联系买方修改。待收到通知行送达的正本信用证后，再对正本进行审核，一旦发现需要修改的情形，则要及时与客户沟通。信用证的修改需要注意以下要点：

◆ 针对要修改的条款内容，需要在改证函中一次性向客户提出，避免多次发函、多次修改，以节省双方的时间。

◆ 逐条列明需要修改的内容，便于客户查看。

◆ 收到修改后的信用证后，及时检查修改内容是否符合要求，根据具体情况决定接受或是重新提出修改。

◆ 信用证修改会产生费用，一般按照责任归属来确定由谁承担费用。

◆ 无论何种情况下的改证，信用证的修改都需要申请人向开证行提出修改申请，并经受益人同意。

◆ 根据惯例,受益人在接受信用证修改书之前,原信用证条款对受益人仍然有效。无论是否接受或拒绝修改书内容,受益人都需明确告知,对于修改内容,要么全部接受,要么全部拒绝,部分接受修改内容是无效的。

进口商向银行递交信用证修改申请书后,银行会向出口商发出信用证修改通知书,然后凭通知书领取信用证修改书,图2-4为信用证修改书样本。

```
2001APR16 14:02:28                                 LOGICAL TERMINAL E102
███ ███700          AMENDMENT TO A DOCUMENTARY CREDIT       PAGE 00001
                                                           FUNC MSG700
                                                           UMR ███████████

MSGACK  DWS765I AUTH OK, KEY B198081689580FC5, BKCHCNBJ RJHISARI RECORO
BASIC HEADER        F  01  BKCHCNBJA940 0600 898239
APPLICATION HEADER  0 700  0907 000411 RJHISARIAXXX 7277 977367 020213 1557 N
                                     *ALRAJHI BANKING AND INVESTMENT
                                     *CORPORATION
                                     *RIYADH
                                     *(HEAD OFFICE)
USER HEADER         SERVICE CODE    103:
                    BANK. PRIORITY  113:
                    MSG USER REF.   108:
                    INFO. FROM CI   115:
SENDER'S REF.       *20 :  0011LC123756
RECEIVER'S REF.     *21 :  .
DATE OF ISSUE        31 C:  010405
DATE OF AMENDMENT    30 :  010416
NUMBER OF AMENDMENT 26 E:  1
BENEFICIARY         *59 :  ██████ TRADING CO., LTD.
                           ████████ MANSION RM2901 NO.85 ███████████, NANJING 210005,
                           CHINA
                           TEL: ████-██-████████    FAX: ████-██-████████
NEW DATE OF EXPIRY   31 E:  010615
LATEST SHIPMENT      44 C:  010531
NARRATIVE            79 :  RGDS LC DEPT MALAZ BR 126···
TRAILER                    ORDER IS <MAC:> <PAC:> <ENC:> <CHK:> <TNG:> <PDE:>
                           MAC:6A102837
                           CHK:A53355234967
                           HOB:
```

图2-4　信用证修改书样本

信息拓展 妥善保管信用证避免丢失

信用证正本是结汇的重要依据,企业在收到信用证后,需要妥善保管,避免丢失。保管信用证要注意以下三点:

①不要将所有信用证混乱地放在一起,应该按不同客户分类保管。

②有修改的信用证,需要保管好修改书和原证。

③不能随意销毁信用证,应与留底单据一同装订妥善保存。

第3章

不容忽视的备货与生产跟单

备货是出口合同履约的重要一步，外贸企业需要按照合同或信用证的规定准备好约定的货物。如果备货出错，如交期延误、提前交货或产品质量不达标，都可能导致买方拒绝付款或提出索赔。外贸企业在备货时应考虑到交货期，做好生产跟单，保证货物能按时装运。

IMPORT

EXPORT

3.1　下生产订单安排生产计划

在自产自销模式下，外贸企业接到客户订单后，如果没有产成品库存，就需要下生产订单安排生产，这是备货的第一环节，重点在于如何做好生产安排。

3.1.1　下达订单安排生产

为实现销售与生产的良好衔接，保证供货与按期交货，外贸企业需要做好生产订单的流程管理。不同企业生产订单的处理流程可能会存在差异，一般的处理流程如图 3-1 所示。

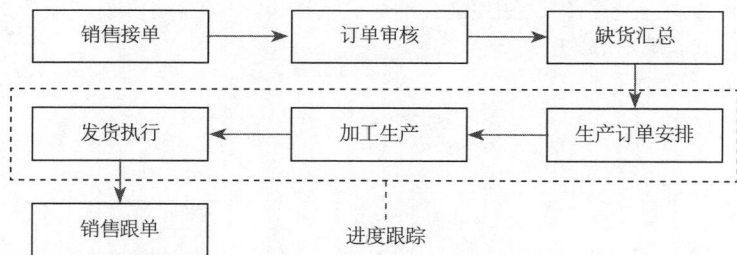

图 3-1　生产订单处理流程

生产订单的安排一般以生产通知单或备货通知单的形式做出，在下达生产订单时，并不是简单地将生产任务告知生产部门，还应列明产品型号、规格、数量、材质和交货日期等，以便生产部门有计划地安排生产，表 3-1 为生产通知单。

表 3-1　生产通知单

单号：	日期：	
生产属性	☐ 客户订单　　☐ 无客户订单，风险备货生产 生产风险说明：	

续表

产品名称	规格型号	数量	单位	需求日期	销售订单号	备注

发货信息	发货方式：□海运　　□空运　　□铁路运输　　□其他
	客户名称：
	收货人及联系方式：
	收货地址：

审核意见：	
经办人及日期：	审核人及日期：

外贸企业可以根据自身需要设计不同的生产通知单，在下达生产订单的过程中，需要注意以下几点：

◆ 生产通知应在合同或订单审核通过后的第一时间进行。

◆ 企业接到订单后，可以结合产品库存情况制作缺货汇总表，生产部根据接到的缺货汇总表生产备货，采购部据此按需采购。

◆ 同一客户如果下了多个订单，但订单并非同时达到，则要分别填写生产通知单，以保证生产的及时性。

◆ 跟单员在下达生产订单后，还需要对订单的实施进行跟踪，了解订单是否能按要求完成。

◆ 生产通知单的使用应遵循一个客户一份通知单的原则，或同一商品同一通知单的原则。

生产进度的控制需要多部门协调和配合，为确保订单能按时交货，生产计划部门应根据接到的生产订单，对生产任务做出统筹安排，以保证交货日期与生产量，表3-2为生产计划单。

表3-2　生产计划单

合同号：　　　　　　　　　　　　　　　　　　　　客户名称：

序号	产品名称	规格型号	生产数量	交货日期	包装要求	生产批号	备注

编制：　　　　　审批：　　　　　　　下单日期：

生产计划单一般需同时下达给生产部、车间以及领班，以确保相关责任人员对生产事项有充分了解。

3.1.2　外贸新单的提醒和说明

外贸业务人员接到的订单按类型可分为新单和续单。续单是原有客户续订的订单，由于相应产品已经在生产线上完成过出货，因此一般只需下生产订单到生产部，然后时时跟进生产进度即可。对于新单，为保证订单能按时、按量、按质完成，跟单员有必要在下达订单时提醒生产部门相关注意事项。

以样品订单为例，如果客户提交了原样或图纸为参照，跟单员就需要仔细核对原样和图纸与订单要求是否有出入，若有出入，需要与客户确认核实。确认好相关细节后，跟单员需要给生产部做详细说明，以免生产部只按订单生产，忽略了生产中需要注意的事项。与生产部交接订单时，跟单员需要注意以下几点：

◆ 交接原样、图纸和订单时注意拍照留底，无样品、图纸的订单需要在订单中描述清楚产品的材质、质量、规格及组装等。

◆ 交接过程中与生产部负责人或技术人员详细说明订单注意事项，如材质、功能、款式等，应让生产部门清晰地知道产品的特殊要求。

◆ 交接原样和订单时，提醒相关负责人保管好全部资料，避免丢失样品，或者将不同客户的样品搞混。

◆ 不能以口头形式交接订单，应将生产通知单和工艺要求表等一同交给生产部。

在外贸接单过程中，跟单员也可能接到需要寄样品的订单，这时就需要向生产部下达样品生产订单。在实际业务中，当客户希望企业生产非标品产品时，也会向企业发出样品订单。此类订单对样品的形状、重量、结构等都有特殊要求，跟单员需要与生产部、技术部做好沟通工作，表 3-3 为样品生产订单。

表 3-3　样品生产订单

样品申请信息					
客户名称		订单日期		交付日期	
项目名称		产品名称		产品编号	
样品数量		样品状态	□ 软模样品 □ PPAP 样品	□ 硬模样品 □ OTS 样品	
申请原因和其他特殊要求					
交付信息					
申请人		所在部门		部门审批	

续表

样品技术信息				
相关图纸等是否已冻结并放入服务器上指定文件夹（如否，则以下内容则需要提供正确附件给工艺部门）	□是 □否	是否有借用其他正在开发项目的新零件（如是，需要确认最新正确版本）		□是 □否
图纸及版本日期	总图			□附件
	零件图纸			□附件
				□附件
				□附件
图样明细表及版本日期				□附件
检验规范及版本日期				□附件
成品检验委托单				□附件
产品标签信息				□附件
包装要求				□附件
其他要求				□附件
负责产品工程师		技术部门审批		
样品生产准备				
订单编号		生产区域	□样品车间 □生产线	工程师
生产计划	累积数量		计划产量	
工艺部批准				
生产部批准				

3.1.3　外部备货的跟踪和催货

　　很多中小型外贸企业是没有自己的生产线和工厂的，此类企业需要通过外部渠道备货。如果企业是从供应商处直接采购货物，那么在选择供应商时需要考虑以下几点：

◆ 货源质量：在与供应商合作之前，需要了解其货源质量，如果供应商提供的产品质量不佳，也会影响本企业的信誉以及外贸合同的履行。

◆ 产品价格：产品价格的高低会影响外贸企业的盈利，在选择供应商时，也需要对供应商的价格进行考量，尽量货比三家，择优选择供应商。

◆ 交货时间：外贸企业在与海外客户签订合同时就会约定交货期，为保证按期交货，企业在对供应商进行考量时需了解其交货时间。

◆ 供应商信誉：供应商是否有良好的信誉也是外贸企业在选择供应商时要考虑的因素，企业应选择声誉良好、经营稳定、遵守合同、能准时交货的供应商。

◆ 服务水平：服务水平也是需要考量的因素，如果供应商不能提供良好的售前、售后配套服务，当企业与供应商的合作出现问题时，就可能无法及时解决。

外贸企业向供应商下采购订单后，作为采购方，跟单员也有必要对订单进行跟踪，具体分为以下步骤：

订单执行前：签订采购订单后，跟单员要及时跟踪了解供应商订单的处理状态，确认供应商按订单要求安排生产或备货。

订单执行过程中：供应商安排生产或备货后，跟单员需要了解供应商的生产计划安排、生产效率以及供货进度，及时发现问题并沟通解决，确保货物按期交付。对于重要和紧急的货物，还需要对供应商的原材料、加工过程及成品入库等环节进行跟踪，以保证货期和质量。

订单交付后：跟单员需要对货物的交付及对账付款进行跟踪，同时做好外贸订单的衔接工作。

在跟踪供应商订单状态的过程中，若跟单员发现了某些异常状况，如供应商迟迟不安排生产、生产进度过慢可能无法完成订单数量等情况，就需要通过催货给供应商施加压力，提醒供应商保质、保量、准时到货。催货可以通过发函、电话沟通、驻厂等方式进行，如图 3-2 所示为催货函。

致：　　　　　　　　公司

　　我司与贵司于 20×× 年 ×× 月 ×× 日签订了 ×× 购销合同（合同号：××××），合同约定交期：××××，我司按合约已于 20×× 年 ×× 月 ×× 日将预付款 ×× 元汇至贵司指定账户。依照合同贵司应在 ×× 天内备好约定货物，但贵司始终没备好约定货物。

　　本着避免损失进一步扩大，能继续合作的良好意愿，我司现向贵司书面催告如下事项：

　　请书面回复我司贵司是否已不具备继续履约能力，如能继续履约请书面回复正式交货时间，如在 × 天内。我司没见到贵司书面回复，将视为贵司不具备履约能力。

　　特此催告，敬盼回复，顺祝商祺！

　　　　　　　　　　　　　　　　　×××××× 有限公司

　　　　　　　　　　　　　　　　　20×× 年 ×× 月 ×× 日

图 3-2　催货函

3.2　跟进生产按订单及时交货

为保证按约履行交货义务，跟单员需要跟进订单生产进度的执行情况，了解生产动态。在跟进过程中，若发现实际生产进度与计划有差异，应及时与相关负责人沟通，并采取恰当的措施来保证生产有序进行。

3.2.1　原材料采购订单跟踪

原材料是生产的物质基础，通常情况下，生产部在接到生产通知后，会对原材料的储备情况进行查看，主要会出现以下两种情况：

◆ 现有的原材料库存能够满足生产需求。

◆ 缺乏生产所需原材料，需要对外采购。

在企业现有原材料无法满足备货需求的情况下，生产部一般会根据企业生产采购的流程制作请购单，采购部则会根据生产计划、原材料库存量等确定所需采购的物料和数量等。虽然采购原材料的主要责任在采购部，但外贸跟单员也要对原材料的采购、入库等进行跟踪，因为这直接关系到货物的生产。

在一些中小型外贸企业中，跟单员常常也需要负责原材料的采购。这时跟单员应按生产计划订购物料，并对物料质量进行把控，确保原材料准时到货。常见的采购申请单样式见表 3-4。

表 3-4　物料采购申请单

申请人：　　　　　　申请日期：　　　　　　　　需求单号：

序号	物料名称	数量	单位	需求日期	规格	申请原因	备注
备注	1. 申请单必须经过完整流程审核方有效。 2. 各项物料需表明清楚。 3. 重要物资的申购需另附相关技术资料。 4. 该单一式三份：申购部门 / 仓库 / 采购部						

原材料采购也可能存在催单情况，采购订单的跟催有以下一些方法：

◆ 按照采购订单计划的到货日期对订单进行排序，根据时间的紧迫程度依次进行跟催。

◆ 将采购的物料分为一般物料、重要物料和紧急物料，然后有计划地进行物料的跟催。

◆ 根据工作安排确定一个跟催的固定时间，然后集中对采购订单进行跟催。

3.2.2　跟单员如何审核物料请购单

原材料交货晚、质量不符合要求，都会影响企业正常的生产安排，跟单员的工作就是确保原材料能够在计划生产时间内有效供应。在实际的工作中，如果外贸跟单员要负责采购跟单，工作流程如下：

①在生产部发出请购单后，对请购单进行审核。

②根据审核通过的请购单制作并发出采购单。

③实施采购计划并跟进。

在对请购单进行审核时，跟单员要结合外贸订单、原材料库存、备货周期、生产计划等对请购单的物料、规格型号、数量、需求时间等进行审核。请购单的审核应按优先程序进行，紧急、重要的外贸订单的物料请购单应优先审核。

另外，也可以根据物料的需求日期来对请购单进行排列，依次进行审核并实施采购。采用此种方法审核请购单，不能忽视供应商的备货周期，部分物料备货周期可能较长，此类物料的请购应在备货周期前审核并处理。

当遇到紧急外贸订单时，跟单员需要立即审核请购单并执行采购，表3-5为请购审批单常见样式。

表 3-5　请购审批单

请购部门：			请购时间：	年　月　日		
请购物品	**单位**	**数量**	**单价**	**合计**	**规格型号**	**使用部门**
预算金额						
请购原因						
采购经办人						
部门经理意见						
分管副总意见						

3.2.3　落实生产进度跟单

实时掌握外贸订单的生产进度，才能有效把控交付率。在生产进度跟单过程中，跟单员需要把握如下几点：

①跟进生产计划的执行情况。

②了解生产机器设备的运行情况。

③跟进在线物料的使用。

④了解各道生产工序的进程。

⑤跟进生产计划的达成情况，包括产品合格率、报废率等。

实际业务中，可以使用表 3-6 生产进度跟踪表来跟进生产进度。

表 3-6　生产进度跟进表

序号	订单编码	订单名称	规格型号	下单日期	交货日期	订单数量	完成数量	完成进度	生产日程											
									01	02	03	04	05	06	07	08	09	10	...

在对生产进度进行跟踪的过程中，若发现可能出现停工待料、半成品或原材料不能衔接等问题，跟单员应及时做好沟通协调工作。

信息拓展 **生产能力的合理评估**

外贸企业要保质保量完成订单的生产，需要人、物、机的三方配合，对生产能力进行评估是生产进度管理的重要一步。企业对自身的生产能力应有充分而客观的认识，以利于制订合理的生产计划。若对生产能力的评估不准确，可能出现以下三种情形：

①超出实际生产能力负载生产，有量但不能保质。

②造成在制品与库存增加。

③未有效利用产能，无法满足顾客的订单需求，造成成本浪费。

由此可见，跟单员需要结合当期企业实际的生产能力来对有效产能进行预估，并在生产进度管理的过程中灵活调节人力、物料和设备。

3.2.4　生产过程中的质量控制

货物质量是外贸交易能够顺利进行的关键因素之一，买卖双方在签订合同时，一般都会对货物的质量进行约定，保证出口货物的质量更容易获得进口商的青睐，从而实现长期持续的合作。

对货物的质量进行控制，需要把控生产中的每一个关键环节，包括原材料、生产人员、生产工序以及生产设备等。

◆ 原材料

原材料的品质会直接影响成品的质量，外贸企业应建立原材料质量标准与检验规范，保证原材料符合生产要求。下面内容为某企业水泥质量检验规范。

2.2　水泥质量检验

1.水泥进厂时应对其品种、级别、包装和出厂日期等进行检查，并对其强度、安定性及其他必要的性能指标进行复验，其质量必须符合现行国家标准《硅酸盐水泥、普通硅酸盐水泥》（GB×××）等的规定。

2. 检查数量：按同一生产厂家、同一等级、同一品种、同一批号且连续进场的水泥，袋装不超过 200 t 为一批。每批抽样不少于一次，不足 200 t 的按一批进行验收。

3. 检验方法：检查产品合格证、出厂检验报告和进场复试报告。

◆ 生产人员

产品的质量控制也要从"人"下手，从生产过程中涉及的角色来看，企业需要对生产人员、生产管理人员、质检员进行控制。

生产人员：生产人员的控制需要从数量和质量两方面入手。跟单员需要了解生产人员的数量能否满足订单需求，质量是指生产人员自身的素质，生产人员应是经过生产培训，或能够操作相关机器设备的专业人士。

生产管理人员：生产管理人员要负责生产作业、生产员工、生产进度的管理，工作结果的好坏不仅会影响生产效率，还会影响生产质量。生产管理人员应能对生产流程进行全局把控，并具备处理生产过程中突发事件的能力。

质检员：质检员是对产品进行检验的，取得相应资格的人员应对检验结果负责，如果质检员不够专业，或者对质检工作不够认真负责，都会直接影响产品的检验结果。

◆ 生产工序

生产过程中需要通过生产工序来控制产品质量，外贸商品的生产大多都有固定的生产操作流程，生产人员需要严格按照生产工序来生产，不得擅自更改。

◆ 生产设备

生产设备不合格或者在生产过程中出现故障，会影响产品的正常生产和质量。在生产设备入厂时，企业需要对设备进行检测，保证设备验收合格后再投入使用。在生产过程中，需对设备进行日常维护和定期检修，并要求操作人员按照规程使用设备。跟单员可以查看生产设备日常管理表，以了解生产设备的状态见表 3-7。

表 3-7　生产设备日常管理表

设备 ＼ 状态	日常检点	定期检点	日常保养	操作规程	故障率	故障分析
设备管理结果评分						

序号	项目	评分标准	评价标准
1	发生故障时对其他设备的影响程度		
2	发生故障时有无代用设备		
3	设备状态		
4	加工对象的工艺阶段		
5	加工对象的质量要求		
6	故障修理的难易程度		
7	发生故障时对人和环境的影响		
8	设备原值		

另外，跟单员还可以通过定期检查产品的方式来控制质量，当发现不符合质量要求的产品时，及时和相关负责人沟通。同时，外贸企业应建立生产产品质量管理体系，不断改进生产方法，提高产品合格率，表 3-8 为生产产品质量检验跟单。

表 3-8 生产产品质量检验跟单

合同编号			计划数		
工序名称			定额		
自检记录	检验项目	质量要求			自检签字
	外部质量	1. 尺寸控制及零部件 2. 外部无破损、磕碰 3.			
	内部质量	1. 2. 3. 4. 5.			
	遗留问题				
产品经检验（ ）合格，（ ）准予转入下道工序 检验员签字：					
处理结果	不合格原因				
	返修		二次检验		
	让步接收		领导批准		
	报废		入废品库		
	检验员		检验日期		

3.3 包装跟单确保产品符合要求

外贸商品都要通过运输送到客户手中，包装在商品流通中能够保护商品免受碰撞、挤压等，同时也能给货物的装卸、转运等带来方便。跟单员在对生产进度、产品质量等方面跟进的过程中，也需要做好包装的跟单工作。

3.3.1　外贸品包装的分类

包装的分类有多种方式，通常按用途来分类，分为运输包装和销售包装两大类。

（1）运输包装

运输包装又被称为外包装，具有保护商品数量、品质，便于运输、储存的作用。运输包装有单件运输包装和集合运输包装两类，其中，单件运输包装按外形、结构方式和材料等又可分为多种情况：

- ◆　按外形：包括包、箱、袋、桶、管、卷、捆和罐等。
- ◆　按结构方式：包括软性、半硬性和硬性包装。
- ◆　按材料：包括木制、纸制、金属制和塑料等。

集合运输包装是指将若干单件运输包装组装成一个大的包装，比如集装箱、集装袋和集装包等。

在与客户签订国际贸易合同时，双方便需要约定好采用哪种运输包装。在确定运输包装形式时应注意以下几点：

商品特性： 运输包装应根据商品的特性来确立，比如食品需要防潮，那么在确定外贸食品的运输包装时，就应考虑防潮性能。

运输方式： 买卖双方应根据运输方式来选择合适的运输包装，比如海运包装应牢固，防止在运输过程中包装破裂或内物渗漏。

相关法律： 不同国家和地区对运输包装的规定存在差异，因此，跟单员在确定运输包装时，也应考虑相关法律法规对包装的规定和要求。

运输和识别： 货物在运输过程中会经过装卸、搬运和储存等环节，为方便以上各环节工作，运输包装应便于运输和识别。

包装费用： 选择运输包装时也应考虑包装费用，包装费用的多少关系到外贸企业的费用开支，跟单员应考虑尽量节省包装费用。

在运输包装上，有时需要标明运输标志，具有识别、提醒、便于货物储运和流通管理的作用。运输标志又被称为唛头，主要内容包括目的港（地）、收货人名称（英文缩写字母或简称）、件号、参考号（合同号、订单号、发票号等），图3-3为运输标志示例。

图 3-3　运输标志示例

信息拓展 **指示性标志和警告性标志**

包装的标志可按用途分为指示性标志和警告性标志。指示性标志在货物的装卸、搬运中起到提示的作用，如小心轻放、向上等标志；警告性标志是对危险物品进行警告的标志，如易燃品、易爆炸物品等。

（2）销售包装

销售包装是直接接触商品并与消费者见面的包装，又被称为内包装。良好的销售包装能够对商品起到保护和广告宣传的作用，能提高商品的吸引力，便于商品的识别。

3.3.2　充分重视客户对包装的要求

合适的包装能够有效保证货物平安送到客户手中，在签订外贸合同时，如果客户对出口产品的内外包装有特殊要求，或者提供了包装资料，那么跟单员一定要充分重视客户对包装的要求，并注意审查以下两点：

①客户对产品包装的要求企业能否实现。

②客户提供的包装材料是否齐全，包括内包装、外包装及说明书等。

根据客户对包装的要求，跟单员可以制作包装说明书，明确包装的适用产品、具体要求和注意事项，表 3-9 为包装说明书示例。

表 3-9　包装说明书

目的	满足 ×× 合同中关于产品包装和防护的要求			
范围	适用于 ×××× 产品			
包装要求				
包装材料	纸箱：选用（里纸）200 g-210 g 皮纸，双层面楞纸（里纸），瓦楞纸为 B 型 150 g-160 g。封箱材料：45 mm 宽的封箱胶带			
纸箱尺寸、数量、重量和码放				
纸箱名称	每箱数量	每箱重量	纸箱尺寸	箱内码放
注意事项： 1. 产品装箱前要对产品外观进行检验，查看产品表面是否有碰伤等痕迹，装箱时要注意轻拿轻放，防止产品之间相互磕碰，产品之间用隔板隔开，产品要放平整，从而避免对产品造成伤害。 2. 产品装箱后注意封箱胶带要粘贴牢靠，防止由于粘贴不牢造成散包现象。 3. 搬运产品要注意轻拿轻放，防止产品之间发生磕碰				
编制：	审核：		批准：	

3.3.3　如何做好产品包装跟进

包装是影响出口货物运输质量的重要因素，实践中，因为包装问题被客户投诉甚至是索赔的案例也时有发生，跟单员在跟单过程中，需要从以下方面做好包装跟单。

（1）合同订立

在订立合同的过程中，跟单员需要与客户就包装问题深入沟通。出口产品包装的主要材料有纸质材料、塑料材料、金属材料和棉麻材料等，不同包装材料的适用范围以及特点都是不同的。在订立包装条款时，应注意以下几点：

①应根据货物的特性以及运输方式来选择合适的包装。

②对包装的约定应具体明确。如约定产品需用坚固的新木箱包装，适合长途海运，防湿、防潮、防震、防锈，防粗暴搬运，卖方须用不褪色油漆于每件包装上印刷包装编号、尺码、净重、提吊位置及"此端向上""小心轻放""切勿受潮"等字样。不要笼统地约定为"适合海运包装"，容易引起争议。

③明确包装费用的承担。

部分国家和地区对于出口包装有环保要求，因此，跟单员也需要了解进口国和地区对包装的相关政策规定，并与客户就包装的环保要求做沟通，避免包装材料和包装方式不符合进口国和地区的要求。

（2）包装查验

在向专业的公司采购或定制包装的过程中，跟单员需要对成品包装进行查验，主要检查以下内容：

◆ 包装是否符合外贸合同的规定。

◆ 包装是否符合进出口商品相关标准和规定。

◆ 包装是否适合长途运输。

◆ 包装是否能很好地保护商品质量和数量。

跟单员可以结合产品的包装要求制作包装审核表，结合审核表对包装的质量进行检验和控制。根据检验的结果，一般可分为三类，严重缺陷、

主要缺陷和次要缺陷，质量不合格的应拒绝验收，表 3-10 为包装审核表
示例。

表 3-10　包装审核表

序号	项目	检验内容	检验方法	检验工具	检验判别
1	包装外观	外箱、内箱标识清晰完整，无漏装、错装			
		包装材料清洁、干燥，无破损			
		包装袋及包装盒子标识印字清晰无误			
		……			
2	包材尺寸	包材尺寸要求（依客户订单要求）			
		……			
3	包装功能	纸箱粘贴、钉合牢固			
		包装箱/盒大小适度，产品装入箱/盒内后不晃动，且装取顺畅			
		……			
4	包装规范	产品包装数量、型号、规格准确无误，符合外贸客户订单要求			
		……			
结论					

3.4 生产跟单阶段问题处理

在生产跟单的过程中，跟单员可能会遇到各种问题，如原材料不足需要延迟出货，产品生产过程中遇到质量问题等，面对这些问题，跟单员需要清楚应对措施。

3.4.1 物料没齐需延迟出货

生产所需的物料没有配备齐全，势必会影响外贸订单的正常生产。对于跟单员来说，当遇到原材料不足需要延迟发货时，首先应第一时间与客户沟通。经验不足的跟单员在沟通过程中可能会犯以下错误，进一步导致客户不满。

◆ 推卸责任

具体表现为把延迟交货的责任推卸给工厂、同事或是老板，如以下几种情形：

①供应商工厂没有按期提供原材料，是供应商的问题。

②采购部没有及时采购原材料，是采购人员的责任。

③生产部没有及时查看原材料库存，是工厂工作失误。

将责任推卸给他人，并不能减轻客户对于延迟交货这一问题的不满，相反，还会给客户留下不好的印象，甚至引起客户的反感。

◆ 编造理由

有的跟单员为减轻企业自身的责任，会为延期交货编造理由，如告知客户交货期延误是因为工厂停电、厂区重建、夏季气温太高、机器设备坏了等。编造理由等同于撒谎，这种做法是不可取的，一旦客户得知真相，会严重影响企业的信誉。

不管企业因何种原因需要延迟交货，正确的做法都应是先向客户解释，然后表达歉意。与推卸责任和撒谎相比，真诚道歉并说明是什么原因引起了延期交货，更容易得到客户的谅解。在请求客户谅解的同时，跟单员还应告知客户新的交货期（具体时间），客户不可能无限期地接受延期，因此一定要向客户说清楚什么时候能保证交货。

另外，当延期交货成为事实后，不少客户会对企业产生不信任感，这时跟单员有必要向客户保证此类问题不会再次发生。为了让客户放心，也表达道歉的诚意，跟单员可以给予客户一定的"好处"，如告知客户此次出货的商品会全检，以确保商品品质，或下一次客户下订单时，给予 ×% 的订购优惠。

针对延期交货这一情况，向客户写一封致歉邮件是很有必要的，在写邮件时要注意以下几点：

◆ 写邮件前应与生产部确定新的交货期，且要保证货物能在新交货期交运。

◆ 向客户真诚道歉，并解释原因，注意不要长篇大论。

◆ 告知客户企业很珍惜双方的合作关系，会想办法争取尽快交货，并且今后会尽力避免类似事件发生。

◆ 不要等到交货期临近时才告知客户交货期要延迟，尽早告知客户会更好，这样客户可以有充足的时间采取应对措施，也能减少因交货期延误而带来的不利影响。

企业生产所需的原材料如果总是延误，跟单员一定要引起重视，并采取适当的措施解决这一问题，主要有以下几项措施：

优选供应商：外贸企业应建立原材料供应商开发和评价体系，与能按期供货、质量有保证的厂家建立长期合作关系。在挑选供应商时，可以将供货能力、供货质量等作为评价标准。在合作过程中，若某一供应商出现经常性的供货延期现象，应及时将其从合格供应商名录中剔除，并开发新的供应商，表3-11为供应商评价表。

表 3-11　供应商评价表

序号	评价指标	权重	说明	评分
1	批合格率	10%	1. 批合格率 =（合格批数 / 总来料批数）×100% 2. 评分 = 批合格率 ×10 合格批数____，总来料批数____	
2	及时回复率	10%	评分 = 及时回复率 ×10	
3	供应商质量体系	10%	评分以定期稽核或调查结果为准，A 级（9～10）、B 级（6～8）、C 级（3～5）、D 级（0～2）	
4	价格	30%	低于其他厂商平均价格 10% 为 30 分；低于其他厂商平均价格 5% 为 24 分；±5% 以内为 18 分；高于其他厂商平均价格 5% 为 6 分；高于其他厂商平均价格 10% 为 0 分	
5	服务	20%	非常满意为 20 分；满意为 18 分；普通为 14 分；不佳为 10 分；非常不佳为 6 分	
6	及时交货率	20%	1. 及时交货率 =（实际及时到货批数 / 总的要求到货批数）×100% 2. 评分 = 及时交货率 ×20 实际及时到货批数____，总的要求到货批数____	
	总评分	100%		

评分标准：A（≥ 80 分）、B（61～79 分）、C（≤ 60 分）
评分等级：等级 A、B 为合格供应商，C 为不合格供应商，应除名

采购订单跟踪：在下达了原材料采购订单后，跟单员不能坐等送货上门，而应及时跟进了解供应商内部的生产情况。若发现供应商可能会出现延期供货的情况，且无法解决这一问题时，跟单员可以下补充订单给其他供应商，以降低延迟交货风险。

准备缓冲库存：如果原材料供应频繁出现延期，为应对原材料供应不及时对生产带来的影响，外贸企业可以建立"安全库存"。在正常情况下，企业是不会动用安全库存的，只有在库存过量使用或者送货延迟时才使用。不过，安全库存也会给外贸企业带来一定的库存和资金压力，这一点需要跟单员注意。

3.4.2　生产中存在异常问题的处理

在外贸订单生产过程中，跟单员需要跟进生产流程，以把控产品质量，在跟进过程中若遇到异常问题，一定要及时与相关人员沟通并共同解决。异常问题的一般处理流程如下：

①了解异常问题并调查和分析原因。

②与生产部、技术部等部门同事共同商定对策。

③评估应对策略的可行性。

④按照流程实施对策。

分析生产异常问题产生的原因是很重要的，只有找到原因才能明确处理方法。比如原材料出现问题，则需要更换原材料或重新选择供货厂家；设备操作出现问题，则要与技术人员沟通，加强技术人员的技能培训。

表 3-12 为生产异常记录表，跟单员要做好跟进记录，以便及时发现问题并解决问题。

表 3-12　生产异常记录表

发生时间		记录人	
异常问题描述			
原因分析			
应对措施			
效果确认			
处理意见			
备注			

当异常问题得以解决后，为避免再次发生，跟单员需要进行总结，并优化生产流程。

3.4.3　不合格产品的管理

不合格品是指不符合质量标准的产品。对于不合格品，外贸企业最好分级管理。有的产品虽然也属于不合格品，但其存在的缺陷并不会影响产品的使用，或者使产品仍保留了一定的使用价值，这时企业应以实际情况来判断是否可以利用，或者以较低价格出售。对于存在严重缺陷的不合格品，如果不具备基本使用性能，一般作为劣质品处理。不合格品的分级需要考虑以下几点内容：

◆ 对质量的影响程度：根据产品的质量标准来判断。

◆ 对产品适用性的影响程度：主要看产品是否还具备使用价值，如具备使用性能、基本具备使用性能、不具备使用性能。

◆ 客户对产品的满意程度：客户对产品的满意度越低，其不合格的严重性就越强。

◆ 对非功能因素的影响：如外观、设计、包装等。

◆ 对下一道工序的影响：如果不合格品形成于生产工序的中间环节，则要考虑对后续生产的影响。

按照产品不合格的程度，一般可将不合格品分为严重不合格、一般不合格和次要不合格。针对不合格品，有如下几种处理方式：

返工或返修： 如果不合格品经过返工或返修后能够满足质量要求，那么可以返工或返修。

让步接收： 如果不合格品不存在危及人体健康、人身及财产安全的危险，仍然具备使用价值，那么跟单员可以与客户协商，经客户同意后由需方让步接收。

降级出售： 根据不合格品实际的质量水平降低质量等级，将其作为处理品降级出售。针对此类不合格品，企业应明确告知客户实际的质量状况，不应将处理品冒充质量合格的产品销售给客户。

报废： 若不合格品不具备基本的使用性能，通过返工或返修也无法达到使用标准时，就需要作报废处理。

跟单员若在生产跟单过程中发现了不合格品，一般需要根据质量检验结果填写"不合格品处置单"，然后由生产部、技术部等相关部门对不合格品进行评审，并做出处置意见，表 3-13 为不合格品处置单。

表 3-13　不合格品处置单

订单编号		产品名称	
规格型号		加工工序	
不合格数量		不合格等级	
不合格状况描述： 　　　　质检员：　　　　　　　　　　　　日期：			
不合格原因分析及纠正措施： 　　　　负责人：　　　　　　　　　　　　日期：			
不合格品处置方案： □返工　　□返修　　□降级　　□让步接收　　□报废 　　　　评审人：　　　　　　　　　　　　日期：			
备注		审批	
		日期	

第4章

出货前的订单跟踪最要紧

● ● ● ● ●

外贸企业按照合同及信用证的要求备好货物后，接下来就需要通知客户验货，并安排好发货。为使货物顺利地在合同规定的交货期前交运，跟单员要跟踪好每个出货环节。

IMPORT

EXPORT

4.1 正式出货前的品质把控

在货物正式发出前，还有一个重要的环节——验货。验货是整个贸易流程中不可缺少的一个环节，能够帮助买卖双方把控产品质量，同时有效避免因产品问题所引发的合同纠纷。

4.1.1 出口商品验货的方法

验货的目的是保证商品品质，出口商品的验货方式一般有三种：一是厂商自行验货；二是客户派专门的人员前来验货；三是委托第三方验证机构验货。

厂商自行验货又被称为第一方验货，在生产完成后，厂商一般都会按照内部的检验标准进行检验和统计。最为保险的检验方式是 100% 全检，但全检会耗费很多时间和精力，因此，厂商更多地会采用抽检的方式来检验。

抽检即随机从成品中抽取样品进行检验，并结合订单要求来判断产品是否合格。如果产品合格，可贴上《产品合格证》作为合格标志；如果产品不合格，或在验货中发现了问题，则要反馈给生产部门，并按照不合格品的处理规范来处理，同时及时与客户沟通。验货过程中主要的检查点如下：

◆ 根据订单或合同清点数量，确认实际货物数量。

◆ 对产品外观进行检查，如款式、颜色等。

◆ 对产品的功能和安全性进行查验，部分产品可能需要进行相关测试，如摔箱测试、物理性能测试等。

◆ 对尺寸有要求的货物需要测量尺寸。

◆ 包装信息检查，包括包装的完整性、标识等。

外贸企业自行检验时需要准备好订单明细表和验货标准清单，不同的商品，其验货标准是不同的，比如服装通常需要检查款式、面料、外观、做工料等，而手表通常需要检查外观、零件、灵敏度等。制定清晰的验货标准有助于按标准对货物进行检验，表 4-1 为成品验货标准表示例。

表 4-1　成品验货标准表

一、外箱				
检查内容	缺点等级	检查方法	查验工具	备注
外箱的正唛、侧唛，印刷是否正确	次要	抽检	目视	
纸箱尺寸	主要	抽检	卷尺	
条码是否正确可扫描	主要	抽检	目视 / 条码器	
外箱的封口胶带是否牢固，纸箱不可以损坏变形	次要	抽检	目视	
外箱需粘贴的各种标签是否正确齐备	主要	抽检	目视	
摔箱测试：摔箱后，纸箱没有损坏（变形），产品没有破坏、变形、刮伤，五金没有散落	主要	抽检	目视	
二、包装				
检查内容	缺点等级	检查方法	查验工具	备注
包装方式是否正确	主要	抽检	目视	
PE 袋是否有透气孔	主要	抽检	目视	
纸箱内不得有异物	严重	抽检	目视	
数目不得多装、少装、混装	严重	抽检	目视	
三、产品确认				
检查内容	缺点等级	检查方法	查验工具	备注
依据订单来确认产品形状、尺寸、颜色、功能、构造、重量能否接受	严重 / 主要	抽检	目视 / 丈量	
四、产品功能性和稳固性				

续表

检查内容	缺点等级	检查方法	查验工具	备注
产品的实质使用功能一定要符合设计要求	严重	抽检	目视	
测试水平性，不可以有"三只脚"现象	主要	抽检	试坐／目视／丈量	
五、产品外观				
检查内容	缺点等级	检查方法	查验工具	备注
所有产品不得有损坏、开裂	严重	抽检	目视	
塑料件不得有变形、开裂、缺料、损坏等现象	主要／次要	抽检	目视	

外贸企业自行验货后，有必要根据验货的结果撰写验货报告，验货报告能作为验货的凭证，也能为收款提供依据，表 4-2 为验货报告示例。

表 4-2　验货报告

报告编号：

产品名称：		规格型号：		订单号：		
颜色：		数量：		验货日期：		
抽样数量：		验货员：		开始时间： 结束时间：		
抽检标准：	AQL		严重		主要	次要
检验项目	不合格描述		不合格数量			备注
		严重	主要	次要		
包装检查						
产品外观						
性能检测						

续表

其他要求					
合计					

检验结果：□合格　　　　　□不合格

审核：	日期：

不合格评审代码：A. 返工　　　B. 让步接收　　　C.FQC 重检

不合格评审（请填写字母代号）

质量部：	运营总监：	业务部：	总经理：
签名：	签名：	签名：	签名：
日期：	日期：	日期：	日期：

评审说明：

最终判定：　　　　　审批：　　　　　日期：

有的国外客户在国内也有办公场所，为保证进口商品的质量，他们会派验货人员前来验货，这个时候跟单员就要做好验货安排。而部分客户则可能会委托第三方机构代为验货，跟单员需要配合第三方机构做好验货工作，避免因没有提前做好安排导致验货无法正常进行。

信息拓展 **外贸验货中的 AQL 标准**

　　AQL（acceptance quality limit）是指验货人员在验货时可接受的质量上限标准，即允收水平。目前，AQL 已普遍应用于各行业产品的质量检验。在验货过程中，验货人员会根据 AQL 的要求核对表格，以确定抽样方案。AQL 后面的数值越小，表示允许的瑕疵数量越少。

4.1.2　验货前跟单员要做什么准备

　　针对客户验货和第三方验货的情况，跟单员需要做好协调工作，在验货人员来厂验货前，做好以下准备工作：

◆ 确认要检验的货物

跟单员要提前确认并了解被验产品的信息，包括被验产品的数量、规格型号、包装和性能等，因为在验货过程中，验货人员可能会询问产品信息，跟单员要有所准备。

◆ 确认检验标准规范

与客户确认检验标准和检验方式。在 AQL 检验中，需要确认三个参数，批量范围、检查水平和合格质量水平。批量范围根据该批次的供货数量来确定；检查水平分为一般检查水平和特殊检查水平，常用的为一般检查水平，有Ⅰ、Ⅱ、Ⅲ共三个等级，特殊检查水平有"S-1""S-2""S-3""S-4"四个等级；合格质量水平为数值，数字越小代表对合格品的要求越严格。确定好以上三个参数后，就可以结合 AQL 抽样方案表来确定抽检方案。

◆ 确认验货地点和时间

验货地点和时间需要跟单员提前与客户沟通协商好，便于客户方验货员以及己方质检部做好相关安排。验货地点可以是工厂、码头仓库等，跟单员应告知验货员具体的验货地点以及己方到达方式。另外，跟单员还应了解客户的需求，询问对方是否需要己方帮忙预订酒店、安排接送等。

◆ 确认验货所需工具

部分验货工具可能需要己方来准备，因此，跟单员需要与客户确认验货时所要准备的工具。常用的工具有笔、纸、验货报告单、胶带、小刀、相机、卷尺、卡尺和电子秤等。

4.1.3　客户验货工作的安排

跟单员在确认生产进度后，应提前几个工作日通知客户或第三方机构验货，然后确定具体的验货日期。确定好验货日期后，外贸企业需要做好验货工作安排，一般流程见表 4-3。

表 4-3　验货安排的一般流程

流程	说明	相关部门
业务部填写《验货通知单》，通知生产部和品管部	业务部应在验货前一天填写《验货通知单》，并将通知单发给生产部和品管部	业务部
生产部和品管部接到验货通知	生产部需要根据生产情况判断能否达到验货要求，品管部需要设置验货场地，安排专人应对客户的验货需求	品管部生产部
配合验货人员验货	验货当天在专门的验货场地内进行验货，配合验货的人员应在验货开始前做好相关准备工作	品管部业务部
客户验货工作进行	配合客户开展验货工作	品管部业务部
验货记录	陪同人员需如实做好记录，并在验货结束后提交完整的验货记录	品管部业务部
品质异常处理	当客户验货过程中出现品质异常时，要报告给生产部和品管部及时处理，并与客户沟通后做出最终判定	品管部生产部业务部
验货成品返仓	验货结束后，如果验货后的成品完好无损，则填写《入仓单》，通知仓库核对数量，将成品返仓。如果验货后的成品需要重新组装，则新增返工工单，在成品返工后重新入库	品管部生产部仓库

　　从上表可以看出，验货的流程主要分为三个阶段，即准备阶段、进行阶段和结束阶段。为便于合理安排验货工作，提高工作效率，外贸企业可根据自身实际情况制定和调整验货程序。在进行阶段，验货的一般流程如下：

◆　清点数量，核查是否与订单数量相符，并进行成品堆放拍照。

◆　按照验货规定从大货中抽取货样进行检验，抽箱的箱号可以用记号笔做上记号。

◆　核对箱唛、标识，查看纸箱纸质，检查外箱破损情况，查看外箱标（条码标）及所贴位置是否正确。

◆　按照检验方法对货物进行测试，如要求摔箱，则按验货要求进行摔箱测试。

◆ 根据订单要求查看单体包装、胶袋、产地标等，核对内盒唛头及产品本身。

◆ 检查产品的外观、组装、安全性、结构等，根据验货要求进行性能测试。

◆ 对于缺陷产品，按致命、严重、轻微进行分类，并反馈给相关部门。

验货过程中，陪同人员需要做好验货记录，以便生产部和品管部了解货物的品质状况，表 4-4 为验货记录单。

表 4-4 验货记录单

合同号		产品名称	
规格型号		验货日期	
批量		验货方	□客户 QC □第三方
陪验人员		验货工时	
抽检数			
验货次数			
不良数量			
产品不良描述			
验货结果			
备注			

4.1.4　应对第三方验货人员的要求

针对第三方机构验货的情况，企业的陪同人员需要全程跟踪验货，并回答验货人员提出的问题，确保验货工作正常进行。在该过程中，第三方验货人员可能会提出一系列问题，那么跟单员要如何应对呢？

为避免第三方验货人员的临时发难，在产品生产前，跟单员可以与客户就验货的方法和技术达成一致，并形成文件，以便在实际验货时能够有据可依。

在正式验货前，可以让客户或第三方验货机构提供验货标准，跟单员需要查看验货标准，对验货内容做到心中有数。验货时，如果第三方验货人员不按标准规范验货，可以质疑，并请验货员在提出问题的样品上签字，作为凭证。

验货人员到场后，跟单员首先要礼貌接待，给验货人员留下良好印象。在陪同验货的过程中做好协助工作，如取货、搬运、开箱、拍照等，这样可以提高验货的效率。

验货过程中，如果验货人员总是提出一些无关紧要的小问题，跟单员也不要与验货人员争执，争执只会激化情绪，反而不利于验货工作的进行。如果产品确实存在瑕疵，跟单员不妨表示抱歉，并就产品问题做出合理解释，然后告知验货人员解决方案。对于自身无法解决的问题，可以联络相关责任人协助解决。验货结束后，跟单员要微笑送别，并向验货人员表示感谢。

4.2　顺利交运前的出货跟踪

货物可以交货后，跟单员需要找一个好的货运代理，并做好租船、订舱等工作。在货物装柜时，跟单员要全程监督跟踪，以确保货物在交货期前能顺利交运。

4.2.1 制作并发送装箱单

跟单员要提前告知客户出货信息，并将制作好的装箱单发送给客户。装箱单是发票的补充单据，便于货物到达目的港时供海关检查、核对，它是说明货物包装细节的清单，格式不尽相同，如果信用证有明确要求，则按信用证约定制作，如图 4-1 所示为装箱单示例。

EXPORTER ×××CO.,LTD. ××××××××.××××,×××× ×××××××× TEL:××××××			Packing List			
IMPORTER ×××CO.,LTD. ××××××.××××,×××× ××××××××			P/L Date :			
			Invoice No. :			
			Invoice Date :			
			Contract No. :			
Letter of Credit No. :			Date of Shipment :			
Marks	Description of goods ; Commodity No.	Quantity	Package	G.W.	N.W.	Meas.
Total Amount :						
Exporter stamp an signature						

图 4-1　装箱单示例

下面以图 4-1 所述的装箱单样本为例，装箱单包含的一般内容如下：

◆　"EXPORTER"填写出单方名称和地址，在信用证支付方式下，出单方名称应与信用证受益人的名称和地址一致。

◆　"IMPORTER"填写受单方的名称与地址，一般填写为进口商的名称和地址，某些情况下可填写为"To whom it may concern(致有关人士)"。

◆　"Packing List"即装箱单。

◆　"P/L Date"填写装箱日期，装箱日期一般要与发票日期一致，不能晚于提单日期。

◆　"Invoice No."填写发票号码。

◆　"Invoice Date"填写发票日期。

◆　"Contract No."填写合同号。

◆　"Letter of Credit No."填写信用证号。

◆　"Date of Shipment"填写装运日期。

◆　"Marks"为唛头，要符合信用证的要求，与发票、提单一致。

◆　"Description of goods ; Commodity No."填写商品描述，包括货物名称、规格、数量、编码和包装说明等内容。同时，填写商品编码，一般为 HS 编码。

◆　"Quantity"填写货物的实际数量。

◆　"Package"为包装数量，如 400CTNS(400 T 纸箱)。

◆　"G.W."为毛重，指货物本身加上包装后的重量。

◆　"N.W."为净重，指货物本身的重量。

◆　"Meas."译为测量尺码，是 Measurement 的缩写，一般指对货物的实际体积的测量，应符合信用证的规定。

◆　"Total amount"为合计，指所有数据的合计数。

◆　"Exporter stamp an signature"为出口商签章处。

装箱单的格式虽然有所不同，但基本内容类似，相关人员在填写装箱单时，要以英文或相应数字填写，不能用中文进行填写。

4.2.2 跟单员确认并通知出货

外贸订单的顺利出货需要各部门的共同配合，而跟单员则要负责发货安排及发货进程的跟进工作，如图 4-2 所示为外贸商品出货的一般流程。

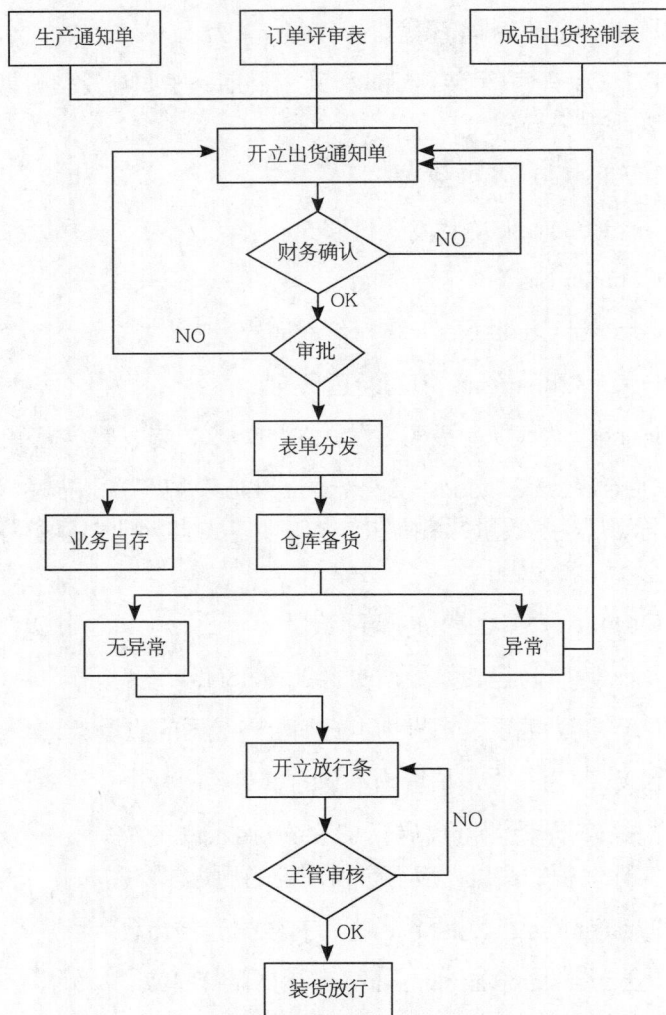

图 4-2 外贸商品出货一般流程

规范的出货流程能有效避免发错货物的情况发生。在上述工作流程中，跟单员需要根据"生产通知单""订单评审表"确认产品的交货期限和数量，然后根据"成品出货控制表"确认实际已生产的产品数量及库存数量，确认后再开立"出货通知单"。出货通知单中要明确订单号、产品规格、品名、发货数量等，财务部的销售会计则要根据合同、客户的付款情况等对出货通知单进行审核，表 4-5 为出货通知单示例。

表 4-5　出货通知单

出货通知单		订单号：			
		通知人：			
		通知日期：			
收货单位：		款到发货：□是　　　　□否			
运输方式：		收货人：			
订单号	产品名称	规格型号	出货数量	出货日期	箱数/托盘数

装箱要求：
□检验报告　　□规格书　　□承认书　　□送货单　　□出货标签　　□唛头
□特殊标签　　□顾客指定出货检查记录表　　□信赖性试验报告
□随货发票　　□个别要求数据表　　□振动试验报告（每批）
□中性标签　　□CPK 报告　　□ROHS 标签
□光圈图片　　□一一对应检验报告　　□CCI 测试报告
□标签向内，外部不可见　　□若是新规产品，出货时一定要贴变更标签
其他要求：

业务员：　　　　审核：　　　　单证员：

续表

出货记录： 外包装：□纸箱 　　□木箱 　　□托盘 　　□其他 外包装情况：□完好 　　□破损 　　□有唛头且完好 　　□无唛头 　　□其他 货物情况：□出货标签上的内容与通知书、出库单一致 　　　　　□箱数 / 托盘数与通知书、出库单一致 其他：＿＿＿＿＿＿＿＿ 快件货物填写： 　　　　　重量： 　　　　　运单号： 其他说明事项： 　　　　　　　　　　　　　　发货人： 　　　　　日期：

4.2.3　货运代理的筛选和配合

货运代理简称为货代，是国际贸易的重要组成部分。货代的主要工作是接受客户委托，完成货物运输的部分或全部环节。与货物运输的有关事项都可以通过货代来完成，可以提高外贸企业运输货物的效率。

由买方指定货代或承运人的情况下，货代会与卖方联系确定船期，跟单员也需要主动与货代和买家保持紧密联系，告知对方货物的备货情况，积极配合货代的工作。

在卖方自行选择货代的情况下，主动权就掌握在了卖方手中，选择一个靠谱的货代是格外关键的。企业在筛选货代时，可从以下几方面考虑：

◆　经营资质

在筛选货代时，需要查看货代的资质，了解货代公司是否具备国际货物运输代理业务相关经营资质。跟单员可以要求货代公司提供营业执照，通过国家企业信用信息公示系统查看货代公司的成立时间、经营范围、注册资本以及是否存在经营异常信息等。一般来说，经营年限较长的货代公司更为可靠，如图 4-3 所示为查询结果。

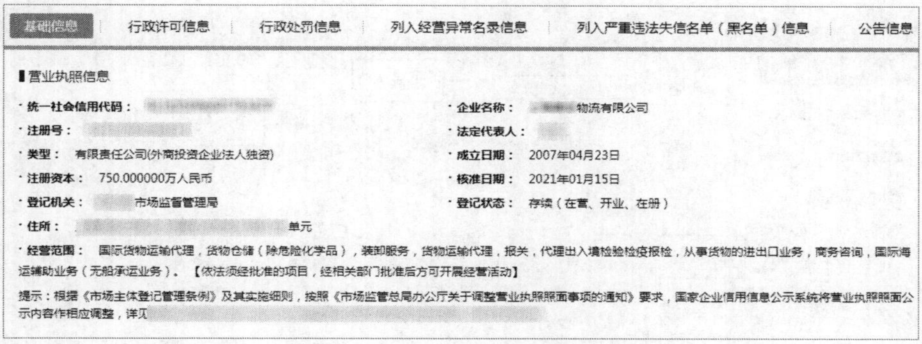

图4-3 查看货代公司营业执照信息

在查询货代公司的经营资质时，跟单员需要了解该公司是否以物流或货代类公司为主体申请注册的，看其实际的经营地址与注册地址是否一致。注意查看营业执照信息中是否包含"无船承运"业务。根据我国《国际海运条例》的规定，经营无船承运业务，应当向国务院交通主管部门办理提单登记，并交纳保证金。

无船承运业务是指无船承运业务经营者以承运人身份接受托运人的货载，签发自己的提单或者其他运输单证，向托运人收取运费，通过国际船舶运输经营者完成国际海上货物运输，承担承运人责任的国际海上运输经营活动。目前，无船承运人（NVOCC）资质已全面采用备案制，货代公司要从事无船承运业务，需要向交通运输主管部门申请备案。

如果外贸企业选择了不具备无船承运人资质的货代公司，若在运输过程中发生了货损，或者货代擅自经营无船承运业务，货主的权益都得不到有效保障。因此，选择具备无船承运人资质的货代公司相对更安全，跟单员可通过水路运输建设综合管理信息系统查看货代公司是否通过了无船承运业务备案。

进入水路运输建设综合管理信息系统首页，单击"无船承运人备案信息"超链接，在企业名称搜索框中输入货代公司名称，单击"查询"按钮进行查询，如图4-4所示。

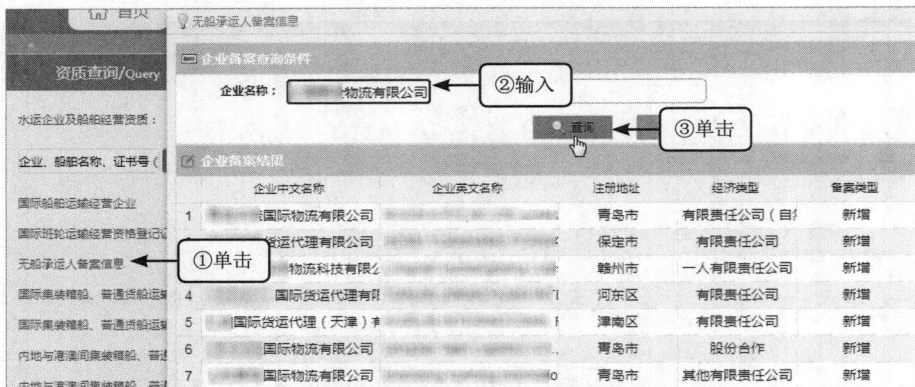

图 4-4　无船承运人备案信息查询

◆　是否存在法律纠纷

跟单员需要了解近年来该货代公司是否存在法律纠纷，如果货代公司与货主或其他进出口企业有过纠纷案件，尤其是成为被告的情况，那么就需要谨慎选择。

◆　专业性

货代的专业性需要重点考虑，跟单员可以询问货代业务员关于订舱、报关、报验、单证缮制、仓储等方面的问题，以了解货代公司的专业性。专业的货代对国际货运的知识和流程是很清楚的，也能为货主提供专业意见，让货主更省心。

◆　服务水平

服务水平好的货代公司会主动跟进货物的转运状态，主动告知货主货物运输的动向。另外，货物运输难免会出现问题件，靠谱的货代不会推脱责任，而是会积极地帮助货主解决问题。跟单员可以结合货代公司的售后服务流程、运输安全性来了解该货代是否值得选择。

◆　价格

在选择货代时并不是价格越低就越好，要谨防遇到低价不良货代，如多收额外费用、私底下收费等。跟单员要选择价格合理的货代，一般来说，正规靠谱的货代都有公开透明的收费标准，不会乱收费。货比三家是必须的，跟单员可以多比较货代公司的报价，然后选择收费合理、靠谱专业、有服务意识的货代公司。

跟单员找货代报价时要明确货物的品名、件数、体积、毛重和目的地等，这样报出来的价格才准确。初次与货代公司合作，可以尝试小单子合作，待清楚了货代的实力和服务水平后，再考虑长久合作。

4.2.4　做好租船与订舱环节

国际货物的运输方式有多种，其中使用最多的是海洋运输。如果货物的数量较多，可预定整船甚至多船来装运，称为"租船"。如果货物的数量较少，为避免不必要的成本产生，可租赁部分舱位来装运，称为"订舱"。

在国际贸易中，能否做到船货衔接，关键环节就在租船和订舱。外贸企业在收到客户开来的信用证并备妥货物后，就需要按照合同和信用证的规定及时发货和运输。租船订舱的主要程序有三步，即询价、订舱和装货。

（1）询价

询价是指承租人根据对货物运输的需求，通过租船经纪人在租船市场上提出租船请求，询价也可以由船舶所有人发出。询价的内容包括货物品名、数量、装货港和卸货港、危险级别和装运期限等。

（2）订舱

订舱是指货物托运人或代理人根据具体需求向承运人预订舱位装货、申请运输，承运人接受订舱的行为。对于特殊货物的订舱，外贸企业应提前告知承运人及货代订舱特殊的要求。

外贸公司委托货代公司或船公司办理托运手续时，需要提交订舱申请书，即托运单或订舱委托书，作为订舱的依据。

订舱委托书简称为"托书"，是承运人或其代理人在接受发货人或货物托运人的订舱时，根据发货人的口头或书面申请，记载货物托运的情况，据以安排集装箱货物运输而制作的单证。货代会根据订舱委托书上载明的信息和要求向承运人订舱。部分地区也将订舱委托书称为装运通知单、入仓单等，虽然叫法不同，但功能作用是相同的。

订舱委托书没有固定的格式，主要内容包括发货人信息、收货人信息、起运港、目的港、货物品名、件数和尺寸等。订舱委托书的内容应尽可能完善、准确，这样能提高订舱的效率，表 4-6 为订舱委托书示例。

表 4-6　订舱委托书

发货人： Shipper:					
收货人： Consignee:					
通知人： Notify Party:					
Port of Loading （起运港）					
Port of Discharge （目的港）					
集装箱预配数			运费支付方式		
唛头 Marks & Numbers	件数 No.of PCS	货物名称和 HS 编码 Description of goods	毛重 Gross Weight	净重 Net Weight	货物体积 Measurement
其他要求：请订_____月_____日的船期					

续表

□ CY TO CY　　□ CY TO DOOR　　□ DOOR TO DOOR　　□ DOOR TO CY
备注:
制单员联系方式: 电话: 传真: 邮箱: 联系人: 地址:
签名或盖章: 制单日期:

货代在向承运人订舱时，也会向承运人发送订舱委托书，承运人会根据委托书安排舱位。跟单员在填写订舱委托书时，注意发货人信息、收货人信息、HS 编码等不能有误，如果对船期有要求，那么要在订舱委托书中写明。订舱委托书是预配舱单、提单确认的初步依据，应确保信息正确无误，最好避免出现更改订舱信息的情况。

根据订舱委托书确定装运船舶后，货代会取得配舱回单，并将装货单（shipping order, S/O）或订舱确认书（booking confirmation）发给托运人。这是货物装船的依据，也是出口企业用以向海关办理货物申报手续的单据之一，习惯上又称为"关单"，图 4-5 为某订舱确认书部分内容。

Booking Confirmation

Shipping Order No.: **ALK0286606**	Booking Date: 07-MAY-2020
Shipper / Forwarder:	Electronic Ref.:
	CO.,LTD
PIC: FANNY	
Deciding Party:	CO.,LTD
Vessel/Voyage: XIN ZHAN JIANG / 127S	
Place of Receipt:	Pre-Carriage:
Port of Loading: CNSHK （SHEKOU）	ETD: 24-MAY-2020 22:00
Discharge Instruction:	Cargo Receiving Date: 16-MAY-2020
Transhipment Port:	VGM Cut-Off Date: 22-MAY-2020 09:00
Port of Discharge: AUSYD （SYDNEY）	Closing: 22-MAY-2020 12:00
Place of Delivery:	Booking Pty. Ref.:
Movement Term: Port - Port	SI Cutoff Date Time: 22-MAY-2020 17:00
Cargo Type: Carboys, bottles, flasks and s	
ENS Clause:	

图 4-5　订舱确认书

拿到装货单或订舱确认书后，跟单员要核对起运港、目的港、船名、航次、开仓时间、截柜日期等，表4-7为订舱确认书常见英文单词解释。

表4-7　订舱确认书常见英文单词解释

英文	中文
Booking Number	订舱号码
Port of Loading（POL）	装货港
CY Closing Date	截柜日期
Vessel/Voyage	船名 / 航次
Port of Discharge	卸货港
ETD（Estimated Time of Delivery）	预计开船日（起运港船离港日期）
VGM Cut off Date/Time	VGM 截单日期 / 时间
Number of Container	货柜数量
Container Number	集装箱号码
Place of Receipt	收货地
Container Size	货柜尺寸

（3）装货

货物经海关查验放行后，由船长或大副签收收货单。收货单又被称为大副收据，用以表明船舶已经收到货物，也是货物已经装船的凭证。我国部分口岸会将托运单、装货单和收货单等单证合在一起，制成一份多联的单据。托运人凭大副收据向承运人或货代换取提单，接下来就是装货。

4.2.5　合理排柜降低海运费

排柜的目的是降低海运费，假设20尺柜和40尺柜都能装下同一批货物，那么选择20尺柜费用会更低。如果需要运输的货物规格、型号不一，为尽可能的装更多数量的货物，就需要对装箱尺寸进行估算，最终选择经济、合适的柜型。

要提高货物装柜的效率，节约货柜空间，跟单员需要了解货柜的尺寸，国际货运常见集装箱尺寸见表4-8。

表 4-8　常见的集装箱货柜尺寸

货柜	尺寸
20 尺柜	内尺寸 5.69 米 ×2.13 米 ×2.18 米，配货毛重一般为 17.5 吨，可装体积为 24 ~ 26 立方米
40 尺柜	内尺寸 11.8 米 ×2.13 米 ×2.18 米，配货毛重一般为 22 吨，可装体积为 54 立方米
40 高柜	内尺寸 11.8 米 ×2.13 米 ×2.72 米，配货毛重一般为 22 吨，可装体积 68 立方米
45 高柜	内尺寸 13.58 米 ×2.34 米 ×2.71 米，配货毛重一般为 29 吨，可装体积为 86 立方米
20 尺冻柜	内尺寸 5.42 米 ×2.26 米 ×2.24 米，配货毛重一般为 17 吨，可装体积为 26 立方米
40 尺冻柜	内尺寸 11.20 米 ×2.24 米 ×2.18 米，配货毛重一般为 22 吨，可装体积为 54 立方米
20 尺平底货柜	内尺寸 5.85 米 ×2.23 米 ×2.15 米，配货毛重一般为 23 吨，可装体积为 28 立方米
40 尺平底货柜	内尺寸 12.05 米 ×2.12 米 ×1.96 米，配货毛重一般为 36 吨，可装体积为 50 立方米
20 尺开顶柜	内尺寸 5.89 米 ×2.32 米 ×2.31 米，配货毛重一般为 20 吨，可装体积为 31.5 立方米
40 尺开顶柜	内尺寸 12.01 米 ×2.33 米 ×2.15 米，配货毛重一般为 30.4 吨，可装体积为 65 立方米

集装箱按照用途可分为通用干货集装箱、保温集装箱、罐式集装箱和台架式集装箱等。保温集装箱用于运输需要冷藏或保温的货物，其中包含冷藏集装箱、隔热集装箱和通风集装箱。从表 4-8 中可以看到，不同集装

箱的尺寸是不同的，跟单员在做排柜安排时，可运用以下技巧：

◆ 先计算货物的外箱尺寸，在外箱尺寸实际长、宽、高的基础上加1厘米计算单个外箱的体积。

◆ 装柜时一般很难100%利用空间，因此估算的装箱尺寸不能超过货柜的上限。

◆ 货柜也有重量的限制，货物的毛重不能超过重量上限。

跟单员要统计货柜的安排，最好以表格形式列明排柜情况，以便工厂或仓库做好相应准备，表4-9为排柜表。

表4-9　排柜表

尺寸	平柜（单排）	高柜（单排）	平柜总数	高柜总数	总排数	出货数	高排数
合计							

信息拓展 **选择整箱还是拼箱**

集装箱的装箱方式分为整箱和拼箱，这两种装箱方式的运费是不同的。整箱按照箱型来报价，如20尺柜（20GP）、40尺柜（40GP）、40高柜（40HQ）；拼箱有体积和重量两种计算方式。一般来说，如果货物数量较多，在能够充分利用集装箱空间的情况下，选择整箱会更经济，如果货物数量较少，选择拼箱往往更划算。对于同一批货物，跟单员可以计算所托运货物的体积和重量，然后在货运公司的网站查询运费，再计算整箱和拼箱总的费用，从中选择成本更低的一种。

4.2.6　拖柜安排确保安全及准时

外贸企业在收到货代的装货单后，需要安排拖柜，及时将合格的货物运输到指定地点。提柜和装柜一般委托给拖车公司，当然也可以由货代帮忙安排拖柜，这里的柜一般指货柜，即集装箱。

- ◆ 提柜：货代在与船公司确认舱位后，会通知托运人将集装箱从堆场提出，提柜就是到堆场提取空的集装箱。

- ◆ 装柜：装柜是指将货物装到货柜中，具体为运输车队将载有货柜的货车开到仓库装货。装柜是很重要的一个环节，装柜能否顺利进行，决定着货物能否顺利出运。

在选择拖车公司时，跟单员应考虑拖车公司的安全可靠性，并比较价格，了解其收费是否合理。确认合作的拖车公司后，跟单员需要将订舱确认书、拖柜委托书、订舱号、船公司名称、装柜时间、装柜地址、装船口岸等信息发送给拖车公司。与此同时，跟单员要告知工厂或仓库货物入柜的时间、柜型、车牌号码（车型）、车辆数量以及司机的联系方式等，以便工厂或仓库提前做好准备工作。

跟单员要对货物的装柜进行跟踪，在货物出货前确定并核实出货数量，如果工厂或仓库没有准备好货物，需要催促其备齐货物。在出货当天了解货柜车到厂情况，如果货柜车没有到厂，需与司机取得联系，询问其达到的大概时间。在货物装柜时，要协助进行装柜，确保装柜顺利完成。

4.3　掌握出货后的运输与收货

货物发出后，跟单员的工作还没有结束，跟单员还要告知客户货物的装运情况，同时了解货物的运输状态，做好跟进和反馈工作，以便客户能够做好卸货的准备。

4.3.1　告知客户装运情况

在订舱后，跟单员可以向客户发送函电反馈订舱情况，告知客户订舱编号、船名、预计开船和达到时间，如下为函件示例：

示例

> We are glad to have been able to execute your order as contracted, and we wish to inform you that the goods will be dispatched on Sep. 19.
>
> The shipping details are expected to be.
>
> COSCO booking No.:×××××
>
> M/V:×××××
>
> ETD Xiamen: × ×× 20××
>
> ETA Savannah:× ×× 20××
>
> We hope the goods will turn out to be satisfactory. If you have any questions, please let me know.
>
> 我们很高兴能按合同执行贵方订单，并告知贵方货物将于9月19日发运。
>
> 预计装船细目如下。
>
> 中国远洋运输集团订舱编号：×××××
>
> 船名：×××××
>
> 预计开船时间（从厦门）：20××年×月×日
>
> 预计抵达萨凡纳的时间：20××年×月×日

货物装船后，跟单员应及时向客户发送装运通知，以便客户办理货物保险、进口报关和接货手续，装运通知就是货物装船之后向买方发出的货物已装运的通知。

装运通知没有固定的格式，主要内容包括订单号、货物名称、信用证号、装运日期、装运数量、装运口岸、船名和开航日期等。如图4-6所示为装运通知示例。

SHIPPING ADVICE

Dear sir,

We are pleased to inform your esteemed company that the following mentioned goods will be shipped out on the Oct.25, full details were shown as follows（我们很高兴通知贵公司，以下提到的货物将于 10 月 25 日发运，详细情况如下）：

1. Invoice:（发票）

2. Bill of lading number:（提单号）

3. Ocean vessel:（船名）

4. Port of loading:（装货港）

5. Date of shipment:（装运日期）

6. Port of destination:（目的港）

7. Estimated date of arrival:（预计抵达日期）

8. Description of packages and goods:（货物和包装描述）

9. Marks and number on B/L:（提单唛头和编号）

10. Container/Seal number:（集装箱 / 封条号码）

11. L/C number:（信用证号码）

We will fax the original bill of lading to your company upon receipt of it from shipping company（我们将在收到船运公司的提单原件后传真给贵公司）.

（出口商签字和盖单据章）

Best regards

××× × CO.,LTD.

图 4-6　装运通知示例

在实际的外贸跟单过程中，跟单员应根据信用证的规定和客户的习惯做法制作装运通知。

4.3.2 跟单员也需做好出货统计

货物发出后，跟单员要统计实际的出货情况，以便了解出货达成情况，规划生产计划，表 4-10 为出货统计表。

表 4-10 出货统计表

客户名称		客户地址					
客户负责人		客户电话					
出货人		出货单号					
审核人		出货日期					
序号	货品名称	货品号码	规格	数量	单位	单价	总价	备注
合计								

4.3.3 把握货物运输状态信息

运输是一个动态的过程，跟单员要掌握货物出航后的运输状态，包括以下信息：

◆ 货物的运输是否安全，如果运输途中出现了意外，需要及时反馈给客户。

◆ 货物的运输是否顺利，转运途中是否出现了货物丢失的情况，是
否可能运输延误等。

◆ 货物的运输也可能遇到自然灾害，尤其是海运，受天气影响极大。
自然灾害是人为因素无法干预的，但跟单员仍需要了解自然灾害
情况，做好应对措施。

◆ 了解货物的通关情况，出口货物没法顺利通关的原因有很多，跟
单员需要与客户沟通，根据具体情况采取补救措施。

当货物顺利抵达目的港后，跟单员可以发函通知客户前去卸货，内容
如下：

示例

We are glad to notify you that the goods you ordered are now in loading port
and available for pick up, and we wish that the goods will be in good condition.

我们很高兴地通知你，贵方所订购的货物现已运至卸货港，可供接
收，希望货物的情况良好。

跟单员可通过承运公司或货代公司官网查询货物的运输状态，如图 4-7
所示为某运输公司官网查询页面，输入集装箱号、提单号或订舱号进行查询。

Container, Bill of lading or Booking reference

Ex: ABCD1234567

Please enter a unique reference before launching your search, system will
automatically recognise the type of value

Search

图 4-7　查询货物运输状态

4.3.4　如何获得运输文件

在货物装柜后，跟单员就可以将提单补料内容提供给船运公司或货代，

让其出具货运提单样本及运费账单。提单补料简称为 SI，是订舱的一方向船公司提供运输货物的详细资料，也就是提单上要求的各项内容，主要包括客户信息资料、柜号、毛重、总立方数和唛头等，表 4-11 为常见的提单补料样式。

表 4-11　提单补料

Date:

Booking Number:（订舱号）:				
Shipper（托运人）:	Consignee（收货人）:			
Notify（通知人）:				
Port of Loading（起运港）:	Port of Delivery（目的港）:			
FCL QTY Size/type（箱型箱量）:	Vessel/voyage（船名 / 航次）:			
Freight & Charges（运费条款）:	B/L Type（提单种类）:			
Marks & Nos. 唛头	Container No. & Seal No. 柜号及封条号	Description of Goods 品名	No. of Pkgs 件数	G.W.（KGS）毛重	Meas.（CBM）体积
In Total 总计					
备注：尊敬的客户，此为一次性提单补料，烦请确认以上资料，如确认后更改则会产生改单费，请谨慎核对，确认后请加附件回复邮件，注明"一次性补料"，谢谢！					

实际业务中，跟单员一般只需把货物的相关信息提供给船公司或货代即可，货代会进行补料信息的录入。补料要按照信用证或客户的要求完成，相关人员应明确货物数量以及一些特殊规定。

收到货运提单样本后，跟单员需要核对是否有误。如果提单需要客户确认，则要把货运提单样本发给客户核对，确认无误后再让船公司或货代出具正本。

跟单员一定要确保补料的准确性，因为更改货运提单会产生改单费。在审核货运提单样本时，重点核对提单种类、收货人、通知人、承运人、装货港、卸货港和货物描述等信息是否正确。

一般情况下，货运提单正本等运输文件只有在支付了运杂费后才能取得，因此，跟单员要做好结算工作。

4.4　出货跟踪的疑难处理

在出货跟踪过程中，跟单员也可能遇到各种问题，如不知如何计算整箱和拼箱的运费，发货前发现货物有瑕疵，交货期可能延误等。下面就针对这些问题，来看看解决方案。

4.4.1　比较整箱和拼箱的运费

整箱和拼箱的选择关键是计算两者的运费，然后比较哪种装运方式支付的费用更少。这里有一种简单的方法，就是通过物流公司网站分别查询整箱和拼箱的费用，下面以物流巴巴（5688）网站为例。

进入网站首页后，输入目的港，选择出发港，单击"海运费查询"按钮查询整柜运价，如图 4-8 所示。

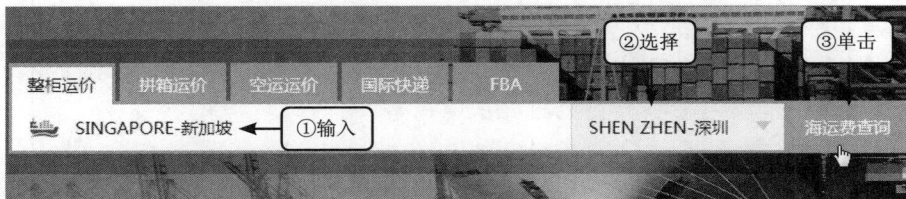

图 4-8　查询整柜运价

在打开的页面中可查看到船公司的航线信息，单击“运价详情”按钮如图 4-9 所示。

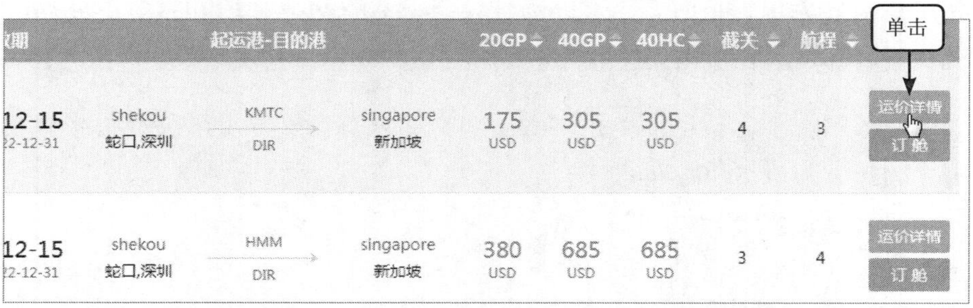

图 4-9　查看运价详情

在打开的页面中选择所需的集装箱，网站会自动计算海运费和码头费，如图 4-10 所示。

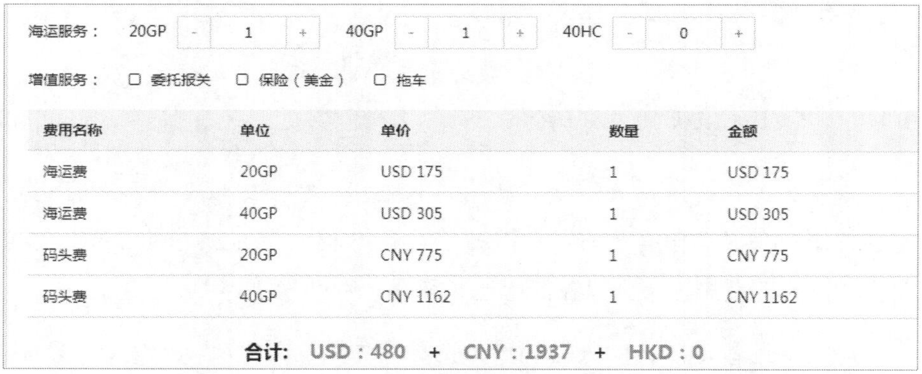

费用名称	单位	单价	数量	金额
海运费	20GP	USD 175	1	USD 175
海运费	40GP	USD 305	1	USD 305
码头费	20GP	CNY 775	1	CNY 775
码头费	40GP	CNY 1162	1	CNY 1162

合计: USD : 480 + CNY : 1937 + HKD : 0

图 4-10　查看费用

按照同样的方法可查询拼箱的费用，查询拼箱费用时需要输入重量和体积，如图 4-11 所示。

海运服务：重量 36000 (Kg) 体积 75 (立方米)

增值服务：☐ 委托报关　☐ 保险（美金）　☐ 拖车

费用名称	单位	单价	数量	金额
海运费	RT	USD 1	75	USD 75
拼箱费	RT	CNY 40	75	CNY 3000
报关费	BILL	CNY 320	1	CNY 320
文件费	BILL	CNY 300	1	CNY 300

合计：　USD：75　+　CNY：3620　+　HKD：0

图 4-11　查询拼箱费用

通过上述方法查询到整箱和拼箱的费用后，就可以知晓同一批货物，哪种装运方式费用更低。

当然，跟单员也可以自行计算，根据货物的毛重和体积计算需要的集装箱尺寸和数量，然后结合航线查询并计算不同尺寸集装箱的运费。计算拼箱运费时，同样结合航线查询按体积和重量计算的运费（取较大的一个），最后再进行费用比较。

4.4.2　产品有瑕疵如何和客户沟通

当遇到产品瑕疵问题时，跟单员首先要判断瑕疵问题的严重程度，看是否会影响销售或使用。如果会影响销售和使用，则应坦诚相告，并向客户表达歉意，告知其解决方案，让客户看到企业解决问题的诚意。

若瑕疵问题并不会影响销售和使用，可以告知客户虽然产品有一定的瑕疵但并不影响使用，同时说明瑕疵的程度、造成瑕疵的原因等，并询问客户是否愿意接受这批货物。告知客户瑕疵问题后，客户通常有以下三种反馈：

◆ 表示可以接受瑕疵，让跟单员按照正常的流程发货。

◆ 可以接受产品瑕疵，但是要求外贸企业折价销售。

◆ 不接受瑕疵品，要求外贸企业发合格品，并对延迟发货承担责任。

针对第二种情况，如果客户要求的折扣在合理范围内，那么是可以同意对瑕疵品进行折价销售的。面对第三种情况，跟单员应沉着冷静，向客户阐述清楚问题产生的原因，打消客户对瑕疵品的顾虑，如果客户仍然表示不能接受，则与部门负责人共同商讨解决措施，或者接受客户的要求。

如下为产品瑕疵问题说明的邮件示例，供借鉴参考。

示例

Dear Mr. ××,

We originally planned to ship your order the following afternoon, but I'm sorry to tell you that we found some defects in the final inspection:

1.（瑕疵说明）

2.（原因解释）

3.（是否影响销售）

Attached is our photograph of the product appearance taken in the field for your reference. I wonder if you are still willing to accept the goods? We are willing to offer discounts or seek other solutions to your satisfaction.

I feel terribly sorry for the inconvenience I have caused.

尊敬的××先生：

我们原计划第二天下午发货，但是很抱歉告诉您，我们在最终检查中发现了一些瑕疵：

1.（瑕疵说明）

2.（原因解释）

3.（是否影响销售）

附件是我们在现场拍摄的产品外观照片，供您参考。不知道您是否愿意接受这批货物？我们愿意提供折扣或其他解决方案，使您满意。

我对造成的不便感到非常抱歉。

4.4.3　交货期延误的处理

当预计交货期可能延误时，跟单员首先应及时与客户取得联系，不能在交货的当天或者已经过了交货期后再告知客户。如下为交货期延误邮件示例，供借鉴参考。

示例

Dear ××,

We are so sorry to let you know that the ×× you purchased from us may not be able to be delivered on time.

The demand for these particular & popular items has exceeded our expectation, and our stock is depleted. However, the new batch of these items will be ready next Friday, on which we have confirmed with our production department for your shipment.

We understand that as a professional client, after you make a purchase, you definitely expect to receive your products in a timely manner. We know that we have let you down, and for which, we wanna express our serious & sincere apology to you.

Please advise us on whether you would like to cancel your order or have us ship the goods once they become available.

You will be kept updated for production and shipment. Again, we apologize for all the inconvenience caused by this. Come to us if you need any further help.

尊敬的 ××：

我们很抱歉地告知您，您在我公司采购的 ×× 产品，可能无法按时交货。

这批特别受欢迎的产品的需求量已经超出了我们的预期，我们的库存已经耗尽。但是，这批新货将在下周五准备好，我们已经和生产部门确定了出货日期。

我们知道作为专业的客户，您在下单后肯定希望及时收到产品。很抱歉让您失望了，为此我们向您表示诚挚的歉意。

烦请告知我们，您是想取消订单，还是让我们在到货后发货。

我们会及时告知您最新的生产和出货信息，再次对由此造成的不便表示歉意。如果您有任何需要请联系我们。

前面的内容介绍过关于延期交货的邮件撰写注意事项，具体可查看3.4.1节的内容。交货期延误必然会给企业带来影响，如失去客户的信任、客户要求赔偿等，因此，跟单员要做好生产和出货跟踪工作，尽量避免交货期延误情况的发生。

导致交货期延误的原因有多种，在日常工作，对于交期的管理有以下要点需要跟单员注意。

◆ 跟单员应对产能负荷进行分析，在客户沟通时确定合理的交货期。对于紧急订单，在安排交货期时应与生产部、研发部或其他相关部门沟通。

◆ 在对外贸易中，难免会出现变更交货期的情况，具体包括提前、延迟和取消三种情况。针对变更交货期的情况，跟单员需发送交货期变更通知给相关部门，生产部则需要根据变更后的交货期调整生产计划。

◆ 因生产异常导致的交货期延误，应分析生产异常的原因，并采取相应的对策。外贸企业可以建立交货期管理制度，明确采购、生产、技术、质量、业务等部门的职责，确保产品能保质、保量、按期交货。

◆ 交货延迟可能有业务部、生产部和技术部的原因，各部门之间应加强沟通协调，分析交货延迟的具体原因，并采取改善措施。

第5章

货物运输环节的交运跟踪

○ ● ● ● ●

　　在国际贸易中，出口方与进口方是有空间距离的，要实现产品在空间上的转移，需要依靠运输。运输也是保证贸易合同履行的重要环节，国际贸易的运输方式有多种，如何选择经济有效的运输方式，确保贸易顺利完成，是跟单员需要考虑和掌握的。

IMPORT

EXPORT

5.1　合理选择运输方式

国际贸易的实现离不开运输这一重要手段，随着国际贸易商品种类的增多，以及贸易量的增加，各种运输方式也不断完善和发展起来。不同的运输方式优缺点不同，那么外贸企业应该如何选择呢？

5.1.1　主要的运输方式：海洋运输

海洋运输是国际贸易最主要的运输方式，因为国际贸易运输的距离一般较远，且货物的运输体量较大。海洋运输依靠船舶和海上航道来运送货物，能极大地满足国际贸易运输的需求，具有以下优势：

◆ 运输量大：相比铁路、航空等运输工具，船舶的运载能力更强。现代化的造船技术日益精湛，船舶的载货能力也越来越强，一艘远洋货轮的载重量可达几万吨，而超巨型轮船的装载能力更是惊人。

◆ 天然航道：海洋运输能够利用天然航道，不像火车、汽车等要受轨道、道路的限制，这使得海洋运输的通过能力更强。借助四通八达的航道，即使经贸或自然环境发生变化，也可以调整航线，确保完成运输任务。

◆ 运费低：从费用来看，海洋运输运载量大、运输里程远，能够发挥规模经济效应。相比其他运输方式，海运的单位运输成本要低得多，为运输大宗货物提供了有利条件。

海洋运输有明显的优势，但也存在不足。其缺点在于运输速度较慢，受自然条件的影响较大，导致航行日期不准确，风险较大，需要依赖港口以及其他运输方式的衔接和配合。

海洋运输有不同的分类，按船舶的经营方式可分为班轮运输和租船运输；按照运输距离，可分为近洋运输和远洋运输；按船舶种类，可分为集装箱船运输和散货船运输，见表5-1。

表 5-1　海洋运输的分类方式

类型	分类	说明
经营方式	班轮运输	班轮运输又被称为定期船运输，这种运输方式有固定的航线、港口、船期和运费，多用于运输货源稳定、货种多、运输时间固定、批量小的货物。采用班轮运输方式，一般由承运人负责装货、卸货，装卸费用已包含在运价中，不另行计费。班轮运输的优点在于能够及时、迅速地将货物运达目的港，且能较好地保证货运质量
	租船运输	租船运输又被称为不定期船运输，一般没有固定的船期和运输航线，多用于运输大宗商品。租船运输有 3 种方式，定程租船、定期租船和光船租赁。定程租船又被称为航次租船，没有固定的航线、港口和船期，按租船合同规定的航程进行货物运输；定期租船又称为期租船，船舶所有人与承租人约定租船期限，在租期内，承租人可按照约定的用途使用船舶，主要特点是船员由船舶所有人配备、由承租人负责船舶的营运调度；光船租赁是指由船舶所有人向承租人提供不配备船员的船舶，因为提供的是一艘空船，因此被称为光船，承租人需要负责任命船长、配备船员
运输距离	近洋运输	近洋运输的航程较短，指出发地各海港至周边目的地海港间的海上运输。在我国，东南亚航线就属于近洋运输
	远洋运输	远洋运输的距离较远，运输时间也较长，一般要跨越不同大洋来完成货物的运输
船舶种类	集装箱船运输	集装箱船运输是指以集装箱为载体，将货物装到集装箱中。每一个集装箱都可以作为运输单元，然后通过装卸设备、载运车辆来实现货物的装卸、搬运和运输。这种运输方式能够提高装卸作业的效率，减少传统运输中人力装卸、搬运导致的货运事故，适合运输易碎、怕湿等高价值货物，如玻璃陶瓷、印刷品及纸张、工艺品等
	散货船运输	散货船运输是指以专用船舶从事大宗干质散装货物的运输，适合运输体积较大、形状不规则以及无法装进集装箱的货物，如木材、煤炭和粮谷等

海洋运输在我国国际贸易中具有重要地位，跟单员在选择海洋运输这一运输方式时，要注意以下几点：

◆ 尽量选择自己熟悉的货代，选择货代时了解该公司的工作流程和服务条款，必要情况下可以登门拜访。

◆ 尽量以文字形式确定运输价格，大单合同最好不要选择小型船公司来承运。

◆ 租船合同条文有其复杂性，可以让专业人士参与合同的签订，并仔细审核合同条款。

◆ 针对危险品，应严格按照港口有关规定办理危险货物运输手续和装箱，同时注意转运港口的特殊规定。

5.1.2 安全准时的运输方式：铁路运输

铁路运输是仅次于海运的一种运输方式，是指使用铁路列车运送货物，具有以下优势：

速度快：铁路运输的运送速度较快，其速度仅次于航空运输。

连续性强：一般不受自然条件的限制，运输的连续性强，能够保证全年运输。

准确性高：使用铁路列车运送货物，运输时间有保证，货物的到发时间准确性高。

运输能力强：既可载客又可以运输不同类型的货物，对货物的输送能力较强。

安全可靠：火车的运行比较平稳，这使得铁路运输的安全性更高。

成本低：铁路运输运力大、能耗低，其运输成本要低于公路运输和航空运输。

铁路运输的缺点在于投资高、建设周期长，运输会受轨道的限制。在我国对外贸易中，铁路运输分为国际铁路联运和国内铁路运输。出口货物通过铁路运输到港区装船，进口货物由港口经铁路转运到各仓库，都属于国内铁路运输。

国际铁路联运是指通过两个或两个以上不同国家的铁路当局来实现货物的全程运送，这种运输方式会使用统一的国际联运票据，由一国铁路向另一国铁路移交货物。

关于国际铁路联运的公约主要有《国际铁路货物运送公约》和《国际铁路货物联运协定》，简称《国际货约》和《国际货协》。

我国是《国际货协》的成员国，与周边国家的进出口贸易，如俄罗斯、蒙古国、越南、哈萨克斯坦等，大部分采用铁路运输。国际铁路货物联运按运输速度可分为慢运、快运和整车货物随旅客列车挂运三种；按货物的数量、性质、体积和状态可分为整车、零担和大吨位集装箱运输。

5.1.3　高效快速的运输方式：航空运输

航空运输是指利用飞机、直升机及其他航空器进行运输，作为一种现代化的运输方式，航空运输具有以下优势：

◆ 速度快：运送迅速是航空运输最大的优势，对于较远距离的运输来说，航空运输能够节约很多时间。

◆ 安全准时：随着科学技术的发展，航空运输的安全性已经大大提高，具有安全、准时的特点。从事故率来看，航空运输的事故率是最低的。

◆ 机动性大：与汽车、火车、轮船相比，航空运输受航线条件的限制更小，线路比较多样，可以定期或不定期飞行。

◆ 节省包装：航空运输能够帮助节省包装费用，这是因为空中航行平稳性较高，能够降低货损率，相对于其他运输方式，货物的包装可以简单些。

航空运输的缺点在于会受气候条件、载重量的限制，运输能力小，能耗高，运费也较高。航空运输适合运送高附加值、体积小、紧急需要、季节性强的货物。国际航空货运按经营方式可分为班机运输、包机运输、集中托运、航空邮件以及陆空联运，见表5-2。

表 5-2　国际航空货运按经营方式分类

类别	说明
班机运输	在固定的航线上定期航行的航班，班机运输始发站、开航时间、航线和途经站都是固定的，一般为客货混合型飞机。由于航期固定，所以班机运输为客户运送鲜活货品或紧急需要的商品提供了有利条件
包机运输	当货物的数量较大时，班机运输的货物舱位就无法满足需求了，这时就需要包机运输。包机运输是指一个或若干个包机人包用整架飞机，分别从一个或几个航空站装运货物至目的地。包机运输能够满足大批量货物进出口运输的需要，但审批程序烦琐，因此使用的地区并不多。按运输方式，包机运输可分为整机包机和部分包机
集中托运	集中托运也是比较普遍的一种航空货运经营方式，由航空货代将若干批单独发运的货物集中起来，再向航空公司统一办理托运。航空货代要负责收货、报关，将货物交给收货人，这为进出口企业提供了方便，集中托运也能争取较低的运价，为发货人节省运费
航空快递	航空快递以小件货物、商务文件为主，是指航空快递公司利用航空运输为发件人提供的货物运输和交接服务，主要有从机场到机场、门到门和派专人送货三种形式。机场到机场是指发货人在航班始发站将货物交给航空公司，由收货人到机场取货；门到门是指由快递公司到发货地取货，再将货物交给机场空运，到达目的地后再由当地的分公司将货物送交收货人；派专人送货是指快递公司指派专人携带快件，并将快件送达收件人，属于特殊服务，一般很少采用
陆空联运	一种联合运输方式，指先采用陆运，后采用空运，将货物从起运地运到目的地的联运方式。我国空运出口的货物多采用陆空联运方式，陆空联运可分为火车—飞机—汽车（train-air-truck），称为TAT运输；汽车—飞机（truck-air），称为TA运输；火车—飞机（train-air），也称为TA运输

5.1.4　机动灵活的运输方式：公路运输

公路运输是国际货物运输不可缺少的运输方式。它既可以作为独立的运输体系，也可以作为衔接工具，让货物在不同的国家或地区实现运输，是港口、车站和机场集散货物的重要手段。总的来看，国际公路货物运输具有以下特点：

◆ 是邻国或地区间边境贸易的主要运输方式。

◆ 能够配合船舶、火车和飞机等运输方式，实现国际多式联运。

◆ 适合中短途运输，在中短途运输上具有运送速度优势。

◆ 运用灵活，能够实现门到门的服务。

◆ 灵活性强，装卸环节少。

◆ 汽车的载货量相对较小，货物运输时震动较大，货损率相对更高。

◆ 相较于海洋运输和铁路运输，公路运输的费用会高一些。

公路运输也有多种分类方式，具体见表 5-3。

表 5-3　公路运输分类

分类方式	类别
货物质量和包装方式	按货物的质量和包装方式的不同，可分为整批货物运输、零担货物运输和集装箱运输
货物运输和保管的条件	按货物运输和保管条件的不同，可分为普通货物运输、轻泡货物运输和特种货物运输
货物是否有保险	按货物是否有保险，可分为保险运输和非保险运输
车辆所有权	按车辆所有权的不同，可分为自有车辆运输、个体货运车辆运输和运输公司车辆运输

5.1.5　复合运输方式：多式联运

多式联运全称为国际多式联运，是指通过两种及以上运输方式实现货物从一国境内到另一国境内交付地点的运输。多式联运通常以集装箱为运输单位，将不同的运输工具有机结合起来，具有以下特点：

◆ 通过多式联运合同确定运输责任。

◆ 会使用多式联运单据，该单据也是多式联运经营人收到货物以及交付的凭证。

◆ 至少有两种运输方式参与，属于国际货物运输。

◆ 由一个多式联运经营人负责货物的全程运输，减少了中间环节，
能够提高货运的质量和效率。

◆ 多种运输方式优势互补，可以节省运输费用，降低运输成本。

在国际贸易中，大多数货物的流通都是通过海运来实现的，因此，海
运在多式联运中占据主导地位。由于多式联运只需订立一份合同、一次付
费、一次保险，通过一张单证就完成货物的全程运输，因此为进出口企业
提供了诸多便利。

国际多式联运适用于水路、公路、铁路和航空多种运输方式。理论上，
多式联运可分为海铁、海空、海陆、陆空、公铁、公空、海铁海、公海空
等联运形式，但实际上，主要形式有海陆联运、海空联运和陆桥运输。

在国际多式联运中，陆桥运输起着重要的作用，代表性地区有远东、
欧洲和美洲。陆桥运输是指将横贯大陆的铁路或公路作为"中间桥梁"，
使大陆两端的海运航线连接起来。可以看出，陆桥运输中两边是海运，中
间是陆运，严格来讲是海陆联运的一种形式。

5.1.6　如何选择运输方式

了解了国际货物运输的主要方式后，要如何正确选择运输方式呢？具
体需要考虑以下几点：

◆ 货物种类

外贸企业应根据货物的种类选择合适的运输方式，比如体积大、重量
重的货物更适合海运；而高附加值产品体积一般较小，在国际贸易中也容
易受到季节性和时效性的限制，因此选择航空运输更好。

◆ 时效性

从运输时间来看，速度由快到慢分别是航空运输、汽车运输、铁路运输和船舶运输。企业在选择运输方式时，也要考虑时效性，如果交货期紧，为保证货物能准时交货，就要选择运输速度较快的工具。

◆ 运输成本

运输成本也是需要考虑的，航空运输速度快，但要承担高额空运费用。因此，在时效要求不高的情况下，选择运输成本更低的海洋运输、铁路运输会更好。如果海洋运输存在较大的弯路，那么可以考虑陆桥运输，以降低运输成本。

◆ 物流基础设施

不同国家和地区物流的基础设施是不同的，所以，企业还要考虑进口地的物流运输状况。国际货物的运输比国内运输要复杂得多，跟单员需要综合考虑货物种类、运量大小、路程远近、运输成本、风险大小和国际形势等因素，合理选择运输方式。

5.2 交运环节的跟单要点

在货物交运环节，托运人会取得承运人出具的证明文件，即运输单据。运输方式不同，取得的单据也会不同，如海运提单、铁路运输单据、航空运单、多式联运单据等，跟单员应清楚各类运输单据的主要内容和作用。

5.2.1 海运提单的填写

海运提单简称为提单，是船公司或货代签发给托运人的，证明已收到托运人的货物，并承诺将货物运至目的地的单据。从海运提单的含义可以看出，其能起到证明的作用，在法律上具有物权证书的效用。根据我国《中华人民共和国海商法》的规定，货物由承运人接收或者装船后，应托运人的要求，承运人应当签发提单。提单可以由承运人授权的人签发。提单由载货船舶的船长签发的，视为代表承运人签发。提单的内容包括以下几项：

- ◆ 货物的品名、标志、包数或者件数、重量或者体积，以及运输危险货物时对危险性质的说明。
- ◆ 承运人的名称和主营业所。
- ◆ 船舶名称。
- ◆ 托运人的名称。
- ◆ 收货人的名称。
- ◆ 装货港和在装货港接收货物的日期。
- ◆ 卸货港。
- ◆ 多式联运提单增列接收货物地点和交付货物地点。
- ◆ 提单的签发日期、地点和份数。
- ◆ 运费的支付。
- ◆ 承运人或者其代表的签字。

在货物装船前，如果承运人已经签发了收货待运提单或者其他单证，待货物装船，托运人可以将收货待运提单或其他单证退还给承运人，换取已装船提单。如果承运人在收货待运提单上加注了承运船舶的船名和装船日期，该提单也可视为已装船提单。

海运提单中，如果是记名提单，那么该提单不能转让。如果是指示提单，要视类别而定。指示提单分为记名指示提单和不记名指示提单两种，记名指示提单需要指定的指示人来背书才能转让，不记名指示提单只需托运人背书即可转让。不记名提单无须背书即可转让，图 5-1 为海运提单的一般样式。

Shipper		B/L No.
Consignee		
Notify Party		COSCO
Place of Receipt	Ocean Vessel	中国远洋运输（集团）总公司
		CHINA OCEAN SHIPPING（GROUP）CO.
Voyage No.	Port of Loading	
		Port to Port or Combined Transport
		Bill of Lading Original
Port of Discharge	Place of Delivery	

Marks	Nos. & kinds of Pkgs	Description of Goods	G.W.（kg）	Meas（m³）

Total Number of Containers or Packages（in Words）

Freight & Charges	Revenue Tons	Rate	Per	Prepaid	Collect

Prepaid at	Payable at	Place and Date of Issue
Total Prepaid	Number of Original B(S)L	Signed for the Carrier
		中国远洋运输（集团）总公司
		CHINA OCEAN SHIPPING
		（GROUP）CO.
Date	Loading on Board the Vessel	×　×　×

图 5-1　海运提单样本

下面以上述提单为例，来说明海运提单填写的要点，见表5-4。

表5-4 海运提单填制说明

内容	说明
Shipper（托运人）	指发货人，在信用证支付方式下，托运人一般为受益人
Consignee（收货人）	根据贸易合同和信用证的规定来填写，主要有3种填写方式。记名式：在收货人一栏填写上指定公司或企业名称；不记名式：收货人栏留空，或填"To Bearer"；指示式分为不记名指示和记名指示，不记名指示：在收货人栏填"To Bearer"，记名指示：在收货人一栏填"To Order of Shipper"。除此之外，若信用证规定"To Order of Issuing Bank（凭开证行指示）"，收货人栏填写"To Order of ×××Bank"；若信用证规定"To Order of Applicant（凭证证申请人指示）"，收货人栏填写"To Order of ××× Co."
Notify Party（被通知人）	原则上要与信用证的规定一致，一般是收货人的代理人或提货人。货物达到目的港后，承运人会根据该栏通知提货，因此通常要填写详细的名称和地址。如果是记名提单，且收货人有详细地址的，此栏可不填，有时会填写为"Same As Consignee"，即与收货人一致
Place of Receipt（收货地点）	填写承运人接收货物地点
Ocean Vessel（船名）	填写实际装运货物的船舶名称
Voyage No.（航次）	班轮运输多加注航次，填写航次号
Port of Loading（装运港）	填写实际装运货物的港口名称，要符合信用证的规定
Port of Discharge（卸货港）	填明实际卸货的港口名称，要符合信用证的规定
Place of Delivery（交货地点）	填写承运人向收货人移交货物的地点
Marks（唛头）	若信用证有规定，则按规定填写；若信用证没有规定，按买卖双方的约定填写

续表

内容	说明
Nos. & kinds of Pkgs（包装与件数）	根据货物实际情况填写，散装货物常填写为"In Bulk（散装）"。Total Number of Containers or Packages（in Words）为货物总数大写栏，散装货物可留空
Description of Goods（货物描述）	原则上要与信用证的规定一致，若货物品名较多，只要不与信用证相抵触，可以用类别总称来表示
G.W.（kg）（货物毛重）	除非信用证有特殊规定，一般只填货物的总毛重，以千克为单位
Meas（m³）（体积）	除非信用证有特殊规定，一般只填货物的总体积，以立方米为单位
Place and Date of Issue（签发地点与日期）	签发地点通常为装货港，签发日期则按信用证的装运期要求。根据《UCP600》，不可转让海运单的出具日期将被视为装运日期，除非不可转让海运单包含注明装运日期的装船批注，在此情况下，装船批注中显示的日期将被视为装运日
Signed for the Carrier（承运人签章）	海运提单需承运人或其代理人签字后才能生效，根据《UCP600》，提单的签署人可以是承运人或其具名代理人，也可以是船长或其具名代理人
Number of Original B(S)L（提单正本份数）	按照信用证的规定出具对应的份数，如信用证规定"Full set 3/3 Original clean on board ocean Bills of Lading…"则表示提单正本份数为三份。如果信用证未规定份数，根据《UCP600》，则仅有一份正本提单，或如果以多份正本出具，为提单中表明的全套正本
B/L No.（提单号码）	一般位于提单的右上角，为提单编号

海运提单的背面一般为托运人与承运人的运输条款，主要有两类条款，即强制性条款和任意性条款。强制性条款的内容主要为不能违背有关国家海商法规、国际公约或港口惯例的规定。任意性条款主要是关于权利、义务、责任的条款，是争议解决的依据。

各船公司提单的样式不同，提单背面的条款也繁简不一，但内容基本大同小异。主要有定义条款、首要条款、承运人责任条款、承运人责任期间条款、免责条款、索赔条款、运费条款、转运或转船条款等。

5.2.2 铁路运输单据的填写

铁路运输单据简称为铁路运单（railway bill B/L），是由铁路运输承运人签发的货运单据。各国间办理铁路联运时会使用国际货协运单，根据《国际货约 / 国际货协运单指导手册》，运单由 6 张连续编号的 A4 纸组成，见表 5-5。

表 5-5　国际货约 / 国际货协运单组成

运单各张		运单各张领收人
序号	名称	
1	运单正本	收货人
2	运行报单	向收货人交付货物的承运人 / 目的地承运人
3	货物交付单（国际货协）	向收货人交付货物的承运人 / 目的地承运人 + 海关
4	运单副本	发货人
5	货物接收单（国际货协）	缔约承运人 / 发送承运人
6	货物到达通知单（国际货协）	收货人

如果借助打印机印制运单，必须遵守两个条件，一是内容与运单样式一致，二是在格式上尽量减少与运单样式的差别。在填写运单时，运单中事项用下列语言填写。

同时涉及国际货约和国际货协运输合同的各栏：俄文和德文（或英文和法文）。若是往我国运送，运单可另用中文填写。

仅涉及国际货约运输合同的各栏：德文或英文或法文。

仅涉及国际货协运输合同的各栏：俄文。在往我国运送时，运单可另用中文填写。

下面以运单正本为例，来看看运单的主要内容。由于内容较多，这里仅展示部分，如图 5-2 所示。

① – ㉙	Заполняется отправителем Vom Absender auszufüllen 由发货人填写	**X**	Нужное отметить крестиком – Zutreffendes ankreuzen (Графы – Felder 21, 22, 66) 需要的划十字（第21、22、66栏）

㊲ Накладная **ЦИМ/СМГС**
Frachtbrief CIM/SMGS
国际货约/国际货协运单

Оригинал накладной
Frachtbrieforiginal
运单正本

1

При перевозке по ЦИМ, такжеив случаепро- тивоворечивого соглашения, должны соблюдаться стандартные правовые предписания ЦИМ. Кроме того, применяются общие условия перевозчика. При перевозке по СМГС применяются предписания СМГС.

Im Geltungsbereich der Einheitlichen Rechtsvorschriften CIM unterliegt die Beförderung auch bei einer gegenteiligen Abmachung, den Einheit- lichen Rechtsvorschriften CIM. Ausserdem sind die Allgemeinen Beförderungsbedingungen des Beförderersanwendbar. Im Geltungsbereich des SMGS unterliegt die Beförderung den SMGS-Beförderungsbedingungen.

在按国际货约办理运送时，以及在存在相悖协议时，应遵守国际货约的标准法律规定。此外，适用承运人的一般条件。
在按国际货协办理运送时，适用国际货协规定。

① Отправитель (Наименование, адрес, страна)[1]
Absender (Name, Anschrift, Land)[1]
发货人（名称、地址、国家）

② ③

Электронная почта – E-Mail
电子邮箱
Тел. – Tel.
电话
Факс – Fax
传真

Подпись   签字
Unterschrift

④ Получатель (Наименование, адрес, страна)
Empfänger (Name, Anschrift, Land)
收货人（名称、地址、国家）

⑤ ⑥

Электронная почта – E-Mail
电子邮箱
Тел. – Tel.
电话
Факс – Fax
传真

⑩ Место доставки
Ablieferungsort   运到地   ⑪   ⑫

到 站
Станция назначения – Bestimmungsbahnhof

国家/铁路
Страна/Железная дорога – Land/Bahn

⑬ Коммерческие условия – Kommerzielle Bedingungen
商 务 条 件   ⑭

⑮ Отметки, необязательные для перевозчика— Für den Beförderer unverbindliche Vermerke
对承运人无约束效力的记载

⑳ Наименование груза   货物名称
Bezeichnung des Gutes

㉑ Необычная отправка
Aussergewöhnliche Sendung
非常规货物   да
ja
是

Знаки, марки | Упаковка
Zeichen, Marken | Verpackung
记号、标记 | 包装

Груз
Gut
货物

图 5-2　运单正本部分内容

对于国际货协运单，除发货人与承运人之间有特殊协议外，第1～29栏由发货人填写，但第26栏"海关记载"除外。与国际货协运输合同有关的第65栏和第66栏的信息，由发货人填写。下面以国际货约／国际货协运单填写说明来加深跟单员对运单的了解，其中Ｏ为必填事项、ｙ为附带条件事项、Φ为选填事项，见表5-6。

表5-6　国际货约／国际货协运单填写说明

栏目序号	类别	栏目名称／内容
1	O	发货人：名称、通信地址、签字，如果可能，注明电话号或传真号（连同国际区号），或者电子邮箱
2	Φ	发货人代码：如果没有代码，则应根据承运人的指示填写
3	Φ	已付运送费用客户／支付人代码（如果不是指发货人）：在没有客户／支付人代码时，如第13栏或第14栏内容中含有该代码，则可由承运人填写（国际货约）。代码可由缔约承运人根据发送地法律填写（国际货协）
4	O	收货人：名称、通信地址，如果可能，则注明电话或传真号，或者电子邮箱
5	Φ	收货人代码：如果没有代码，则需根据承运人的指示填写
6	Φ	未付运送费用客户／支付人代码（如果不是指收货人）：在没有客户／支付人代码时，如第13栏或14栏内容中含有该代码，则可由承运人填写（国际货约）。代码可由交付货物的承运人根据到达地法律填写（国际货协）
8	Φ	发货人的标注／合同号： 国际货协→国际货约联运：填写与出口商的合同号。 国际货约→国际货协联运：填写发货人的标注。将与进口商的合同号列入第15栏
10	O	运到地： 国际货协→国际货约联运：填写运到地、车站和国家或地区 国际货约→国际货协联运：填写到站和到达路
12	O	车站代码：到站的国际代码（国际货协），国家铁路的2位代码＋车站6位代码 货物运到地车站的国际代码（国际货约）

续表

栏目序号	类别	栏目名称 / 内容
13	у	商务条件：（略）
16	о	承运地：发站及铁路简称，发站代码（国际货协） 承运货物的地点（包括车站和国家），日期（月、日、时）（国际货约）
23	о	NHM/ГНГ 代码：6 位代码
24	о	重量（公斤）：应注明货物毛重（含包装），按 NHM/ГНГ 代码分别填写；多式运输单元的自重和容积；汽车运输工具的重量；未包含在车辆自重内的运送用具重量；货物总重
……	—	略

5.2.3　航空运单的填写

航空运单全称为航空货运单，是承运人或其代理人与托运人签订的货物运输凭据，是承托双方的运输合同，其内容对双方均有约束力。《中华人民共和国民用航空法》规定，承运人有权要求托运人填写航空货运单，托运人有权要求承运人接受该航空货运单。托运人应当填写航空货运单正本一式三份，连同货物交给承运人。填写的注意事项如下：

◆ 第一份注明"交承运人"，由托运人签字、盖章。

◆ 第二份注明"交收货人"，由托运人和承运人签字、盖章。

◆ 第三份由承运人在接受货物后签字、盖章，交给托运人。

航空货运单的内容要符合国务院民用航空主管部门的规定，至少应当包括以下内容：

①出发地点和目的地点；

②出发地点和目的地点均在我国境内，而在境外有一个或者数个约定的经停地点的，至少注明一个经停地点；

③货物运输的最终目的地点、出发地点或者约定的经停地点之一不在我国境内，依照所适用的国际航空运输公约的规定，应当在货运单上声明此项运输适用该公约的，货运单上应当载有该项声明。

如图 5-3 所示为航空运单的一般样式。

Airport of Departure		Airport of Destination		NOT NEGOTIABLE ××××航空服务中心 ×× ×× Air Waybill Issued by ××× ×				
Shipper's Name, Address, Postcode & Telephone No.								
				Copies1, 2 and 3 of this Air Waybill are originals and have the same validity				
Consignee's Name, Address, Postcode & Telephone No.				Accounting Information				
				Issuing Carrier's Agent Name				
Routing and Destination	To	By First Carrier		To	By		To	By
Flight/Date		Flight/Date		Declared Value for Carriage		Amount of Insurance		
No. of Pieces.RCP	Gross Weight (Kg/lb)	Rate Class	Commodity Item No.	Chargeable Weight (Kg)	Rate/Charge	Total	Nature and Quantity (incl.Dimendions or Volume)	
Prepaid		Collect		Other Charges				
	Weight Charge			Shipper certifies that the description of goods and declared value for carriage on the face hereof are consistent with actual description of goods and actual value of goods and that particulars on the face hereof are correct.				
	Valuation Charge							
	Surface Charge							
	Other Charge			Signature of Shipper or His Agent_____				
	Total (CNY)			Executed on _____ At _____Signature of Issuing Carrier or Its Agent				
Form of Payment				ORIGINAL 3 (FOR SHIPPER)				

图 5-3　航空运单样本

不同的航空公司制作的航空运单格式会有所不同，但大都基于 IATA（国际航空运输协会）推荐的格式来制作。目前，国际贸易使用的航空运单基本上都是电子运单，已成为航空货运的默认运输合同。下面以上述航空运单样本为例，来看看航空运单的填写要点，见表 5-7。

表 5-7　航空运单填制说明

内容	说明
Airport of Departure	填写 IATA 统一制定的始发站机场或城市的 3 字代码，比如 PEK 表示首都国际机场
Airport of Destination	填写最终目的地机场的名称
Not Negotiable	印在右上角，表示航空运单是不可以转让的
Shipper's Name, Address, Postcode & Telephone No.	该栏填写托运人姓名、地址、邮编和电话号码
Consignee's Name, Address, Postcode & Telephone No.	该栏填写收货人姓名、地址、邮编和电话号码
Issuing Carrier's Agent Name	填写货运单的代理人名称
To 和 By	To 表示到达站，分别填写第一（二、三）中转站机场的 IATA 代码。By 表示承运人，By First Carrier 为第一承运人，然后分别填写第二、三段运输的承运人
Flight/Date	填写货物所搭乘的航班及日期
No. of Pieces. RCP	指货物件数和运价组成点，RCP 为 Rate Combination Point 的缩写，填写运输货物的件数。当需组成比例运价或分段相加运价时，则在此栏填入运价组成点机场的 IATA 三字代码
Gross Weight	填写货物总毛重，单位为千克，有的运单还可以选择磅（lb）为重量单位

内容	说明
Rate Class	指运价等级，针对不同的航空，运价共有 6 种代码，如 M（Minimum，起码运费／最低运费）、N（Normal，45 kg 以下货物适用的普通货物运价）、C（Specific Commodity Rates，特种运价）、S（Surcharge，高于普通货物运价的等级货物运价）、R（Reduced，低于普通货物运价的等级货物运价）、Q（Quantity，45kg 以上货物适用的普通货物运价
Commodity Item No.	指商品代码，若使用的是特种运价，则需要在此栏填写商品代码
Chargeable Weight	指计费重量，填写航空公司据以计算运费的计费重量，可以与货物毛重相同或不同
Rate/Charge	指费率，填写该货物适用的费率
Nature and Quantity (incl. Dimendions or Volume)	填写货物名称和数量，包括尺寸或体积，货物尺寸分别以最长、最宽、最高边为基础，货物的体积则是上述长、宽、高三条边的乘积
Prepaid 和 Collect	Prepaid 为预付，Collect 为到付，Weight Charge 为航空运费，Valuation Charge 为声明价值附加费，有预付和到付两种情况
Other Charges	Other Charges 为其他费用
Declared Value for Carriage	指运输声明价值，填写发货人要求的用于运输的声明价值。如果发货人不要求声明价值，则填入"NVD（No Value Declared）"
Amount of Insurance	指保险金额，只有在航空公司提供代保险业务，且客户有需要时才填写
Signature of Shipper or His Agent	托运人或其代理人签字、盖章
Executed on (date) At (place) Signature of Issuing Carrier or Its Agent	制单承运人或其代理人于（日期）在（地点）填开单据的签字、盖章

信息拓展 航空运单中的航空公司代码和运单号

在航空运单中可以看到用于表示航空公司代码的 3 位数字，以及表示运单号的 8 位数字，比如 999-12345678，其中 999 表示中国国际航空（CA），12345678 为运单号。两者共同组成主单号，显示在运单左上角。

在填写航空运单时，并不是所有内容都要填写，与海运提单一样，航空运单有正反两面，背面印有条款。与海运提单不同的是，航空运单不是物权凭证，不能通过背书转让，收货人可通过航空公司的提货通知单提货。

5.3　跟进国际货物运输保险办理

国际贸易中，货物需要经过长途运输才能送达进口商手中，货物在运输过程中，可能会因为自然灾害、意外事故等遭受经济损失。投保国际货物运输保险，能在货物发生损失时及时获得经济补偿，从而分摊损失。因此，在国际贸易合同中，保险也是重要的交易条款之一。

5.3.1　国际货物运输保险有哪些

按照运输工具的不同，国际货物运输保险可分为海洋运输货物保险、陆上货物运输保险、航空货物运输保险和邮政包裹运输保险。

（1）海洋运输货物保险

海洋运输货物保险的保险标的是海上运输的货物，具体又可分为海洋货物运输保险、海洋货物运输战争保险及罢工险、海洋运输冷藏货物保险和海洋运输散装桐油保险四种。

◆　海洋货物运输保险：指货物在海运途中因自然灾害、意外事故所造成的经济损失负赔偿责任的保险。主要险别为平安险（free from particular average，简称 F.P.A.）、水渍险（with average/with particular average，简称 W.A./W.P.A.）、一切险（all risks）。此外，还有附加险，附加险包括一般附加险和特殊附加险。

◆ 海洋货物运输战争保险及罢工险：海洋货物运输战争保险又称为兵险，是一种特殊附加险，承保因战争、类似战争行为、罢工行为所致的货物损失。

◆ 海洋运输冷藏货物保险：为保证新鲜蔬菜、鱼、虾、肉等货物的品质，此类生鲜产品需要储存在冷冻容器或冷藏舱内进行运输。这类鲜货可以投保海洋运输冷藏货物保险，如果货物在运输过程中因冷藏设备或隔温设备损坏造成腐败，被保险人就可获得损失赔偿。该保险可分为冷藏险和冷藏一切险两种。

◆ 海洋运输散装桐油保险：这是一种专门保险，承保不论任何原因所致被保险桐油的短少、渗漏、沾污或变质损失。

（2）陆上货物运输保险

陆上货物运输保险按运输工具的不同，可分为火车和汽车两种保险。主要险别有陆运险和陆运一切险。

陆运险： 该险种的赔偿范围是被保险货物在运输途中遭受暴风、雷电、洪水、地震等自然灾害，或由于运输工具遭受碰撞、倾覆、出轨，或在驳运过程中因驳运工具遭受搁浅、触礁、沉没、碰撞，或由于遭受隧道坍塌、崖崩，或失火、爆炸意外事故所造成的全部或部分损失。

陆运一切险： 该险种除包含陆运险的责任外，还要负责被保险货物在运输途中由于外来原因所致的全部或部分损失。

利用火车和汽车也可以运输鲜货产品，因此，也有陆上运输冷藏货物保险。该保险要负责冷藏设备装运的冷藏货物因运输途中遭到自然灾害、意外事故而造成的损失和腐败损坏。

（3）航空货物运输保险

航空货物运输保险以空运过程中的风险作为保险责任范围，主要险别有航空运输险和航空运输一切险两种。航空运输险主要负责赔偿因自然灾害、危难事故引起的被保险货物的损失，包括以下几种：

◆ 被保险货物在运输途中遭受雷电、火灾、爆炸而造成的全部或部分损失。

◆ 被保险货物由于飞机遭受恶劣气候或其他危难事故而被抛弃所造成的全部或部分损失。

◆ 被保险货物由于飞机遭碰撞、倾覆、坠落或失踪意外事故所造成的全部或部分损失。

航空运输一切险除包括航空运输险责任外，还负责由于外来原因所致的被保险货物的全部或部分损失。

（4）邮政包裹运输保险

邮政包裹运输保险又称为邮包运输保险，主要有两种险别，邮包险和邮包一切险。邮包运输保险还可加战争险、罢工险等附加险。

5.3.2　清楚国际货运保险的责任范围

在投保货运保险时，企业需要清楚保险的责任范围以及除外责任，以明确哪些情况可以理赔，哪些情形不能理赔。下面以中国人民财产保险股份有限公司海洋运输货物保险条款为例，来看看海洋运输货物保险的责任范围，见表 5-8。

表 5-8　海洋运输货物保险责任范围

险别	责任范围
平安险	① 被保险货物在运输途中由于恶劣气候、雷电、海啸、地震、洪水自然灾害造成整批货物的全部损失或推定全损

续表

险别	责任范围
平安险	② 由于运输工具遭受搁浅、触礁、沉没、互撞、与流冰或其他物体碰撞以及失火、爆炸意外事故造成货物的全部或部分损失。 ③ 在运输工具已经发生搁浅、触礁、沉没、焚毁意外事故的情况下，货物在此前后又在海上遭受恶劣气候、雷电、海啸等自然灾害所造成的部分损失。 ④ 在装卸或转运时由于一件或数件整件货物落海造成的全部或部分损失。 ⑤ 被保险人对遭受承保责任内危险的货物采取抢救、防止或减少货损的措施而支付的合理费用，但以不超过该批被救货物的保险金额为限。 ⑥ 运输工具遭遇海难后，在避难港由于卸货所引起的损失以及在中途港、避难港由于卸货、存仓以及运送货物所产生的特别费用。 ⑦ 共同海损的牺牲、分摊和救助费用。 ⑧ 运输契约订有"船舶互撞责任"条款，根据该条款规定应由货方偿还船方的损失
水渍险	除包括上列平安险的各项责任外，还负责被保险货物由于恶劣气候、雷电、海啸、地震、洪水自然灾害所造成的部分损失
一切险	除包括上列平安险和水渍险的各项责任外，还负责被保险货物在运输途中由于外来原因所致的全部或部分损失

除外责任与保险责任相对应，是指保险人不负赔偿责任的灾害事故及其损失范围。海洋运输货物保险的除外责任有以下五点：

①被保险人的故意行为或过失所造成的损失。

②属于发货人责任所引起的损失。

③在保险责任开始前，被保险货物已存在的品质不良或数量短差所造成的损失。

④被保险货物的自然损耗、本质缺陷、特性以及市价跌落、运输延迟所引起的损失或费用。

⑤海洋运输货物战争险条款和货物运输罢工险条款规定的责任范围和除外责任。

对于保险的责任期间，中国人民财产保险股份有限公司《海洋运输货物保险条款（2018 版）》规定：本保险负"仓至仓"责任。这里的"仓至仓"是指仓库至仓库，是指保险人的承保责任从被保险货物运离保险单所载明的起运地仓库或储存处所开始运输时生效，直至该项货物被运抵保险单所载明的目的地收货人仓库或储存处所为止。

海洋运输货物保险还有附加险，是对基本险的补充，分为一般附加险和特殊附加险（主要有战争险和罢工险），一般附加险的责任范围见表 5-9。

表 5-9　海洋运输货物保险附加险责任范围

险别	责任范围
偷窃、提货不着险	偷窃行为所致的损失；整件提货不着；根据运输契约规定船东和其他责任方免除赔偿的部分
淡水、雨淋险	因直接遭受雨淋或淡水所致的损失，包装外部应有雨水或淡水痕迹或有其他适当的证明
短量险	因外包装破裂或散装货物发生数量散失和实际重量短缺的损失，正常的途耗除外
混杂、沾污险	因混杂、沾污所致的损失
渗漏险	因容器损坏而引起的渗漏损失，或用液体储藏的货物因液体的渗漏而引起的货物腐败等损失
碰损、破碎险	因震动、碰撞、受压造成的破碎和碰撞损失
串味险	主要针对食物、中药材、化妆品原料等货物，因受其他物品的影响而引起的串味损失
受潮受热险	因气温突然变化或由于船上通风设备失灵致使船舱内水汽凝结、发潮或发热所造成的损失
钩损险	因遭受钩损而引起的损失，以及对包装进行修补或调换所支付的费用
包装破裂险	因搬运或装卸不慎，包装破裂所造成的损失，以及为继续运输安全所需要对包装进行修补或调换所支付的费用
锈损险	在运输过程中发生的锈损

其他保险的保险责任范围和除外责任可查看相关保险条款。在国际贸易中，货运保险由谁负责投保，主要取决于双方约定的交货条件以及所使用的贸易术语。按 CIF 或 CIP 条件签订的合同，由出口方（卖方）负责办理投保手续。按 FOB、FCA、CFR 或 CPT 条件签订的合同，由进口方（买方）负责投保。在签订国际贸易合同时，如果约定货运保险由己方负责办理，那么最好在合同中明确投保的险别、保险费用、保险金额以及提供的保险凭证等内容。

信息拓展 **伦敦保险协会货物保险条款**

在国际海运保险业务中，对世界各国影响最大的保险条款是《伦敦保险协会货物保险条款》（简称协会货物保险条款，ICC），世界上很多国家和地区都直接应用该保险条款。该条款共有六种险别，分别是 ICC(A)、ICC(B)、ICC(C)、战争险、罢工险和恶意损害险，其中以 ICC(A) 险的承保责任范围最为广泛。根据《国际贸易术语解释通则》（2020 版），在适用 CIP 术语的贸易中，最低保险范围为《协会货物保险条款》（A）要求的货物保险，类似于我国的一切险; 适用 CIF 术语的贸易中，最低保险范围为《协会货物保险条款》（C）要求的货物保险，类似于我国的平安险。

5.3.3　跟单员要如何办理投保

在己方负责办理货运保险的情况下，跟单员应在货物装运前办理投保手续。部分跟单员会在船已经开了以后再投保，这种情况属于倒签保单，部分保险公司允许开船 7 天内，或没有超过航程 1/3 的可以投保，但是可能会提高承保条件和保险费用。

投保国际贸易运输保险的一般程序如下：

◆　选择投保险别

从前面介绍的内容可以知晓，货物运输保险的险别有很多，因此，跟单员在投保前需要先明确险别。选择险别时应考虑以下几点。

货物的性质和特点：不同货物由于性质和特点不同，在运输中面临的风险和损失也会不同，跟单员应结合货物的性质和特点选择最为适合的险别。比如粮食类货物，可选择平安险＋水渍险＋短量险＋受潮受热险，而玻璃陶瓷制品可选择平安险＋破碎险。

货物的包装：货物在运输过程中因颠簸、碰撞、挤压等，包装可能会遭受损坏，进而损害货物本身。跟单员投保时需考虑包装可能发生的损坏及其对货物可能造成的损害。

运输路线及停靠港口：货物的运输路线和停靠港口不同，面临的风险和损失也会不同。比如货物要经过政治局势动荡不定的地区，就可能因武装冲突或海盗行为导致货物损失，这种情况下就有必要选择战争险。另外，有的港口天气会比较炎热或气温变化突然，货物可能因为天气原因导致霉变、腐烂等，这种情况就可以加上受潮受热附加险。

运输季节：运输季节不同也会给货物运输带来不同的风险和损失，比如夏季运输鲜货产品，更容易出现腐烂变质。

各国贸易习惯和贸易惯例：保险险种的选择也需要考虑各国的贸易习惯和贸易惯例，跟单员要根据国际贸易合同选用的适用惯例来投保，同时参照各国的贸易习惯，比如有的国家的贸易习惯是 CIF 术语下要投保水渍险。

◆　确定保险金额和保险费

选择好投保险种后，还需要确定投保金额。根据国际保险市场的习惯做法，一般按合同规定的价款另加 10% 计算，增加的 10% 为保险加成，计算公式如下：

保险金额 ＝CIF（或 CIP）价 ×（1＋ 投保加成率）

保险费的多少与保险金额和保险费率有关，受运输方式、运输路线、

货物品类的影响，保险费率也会不同。我国的出口货物保险费率主要分为
"一般货物费率"和"指明货物加费费率"两类。其中，指明货物加费费
率是针对特别指明的货物加收的一种附加费率，如特别指明的易燃、易爆、
易碎的货物。此类货物的运输损失率要高于一般货物，因此要在一般货物
费率的基础上加收费率。保险费的计算公式并不复杂，具体如下：

$$保险费 = 保险金额 × 保险费率$$

◆ 提交资料办理投保

在办理投保时，跟单员需要向投保公司提交保险资料，包括被保险
人信息、海运提单或空运单、商业发票、信用证中的保险条款、船舶名称
等。提交资料后，保险公司会帮助办理投保，在该过程中需要填写保险单，
保险单是保险合同的证明，也是理赔的主要依据。如图 5-4 所示为保险单
样本。

保险单上会载明保险信息，如被保险人姓名、被保险货物信息、投保
险别、保险金额、投保日期和装载运输工具等，跟单员要注意确认保险单
上的信息是否正确无误。签订保险单并支付保险费后，投保人可取得保险
单正本。

在具体办理出口货物运输保险时，有多种投保方式可供选择，包括单
笔投保、签订预约保险合同。单笔投保是指针对一笔出口货物申请投保，
对于从事出口业务的外贸企业来说，单笔逐一投保会相对比较麻烦，这时
就可以与保险公司签订预约保险合同。

预保合同的特点是在合同约定范围以内的货物，在货物起运时保单自
动生效。保险费的结算方式可以由双方协商确定，如按月月结、一次性支
付保费、年底根据实际运量结算、多出部分补交等。如图 5-4 所示为某保
险公司进出口货物运输保险投保流程，其提供了两种投保方式。

PICC

中国人民保险公司南京市分公司
The People's Insurance Company of China Nanjing Branch

总公司设于北京　　　　一九四九年创立
Head Office Beijing　　　Established in 1949

货物运输保险单
CARGO TRANSPORTATION INSURANCE POLICY

发票号(INVOICE NO.)
合同号(CONTRACT NO.)　　　　　　　　　　　　保单号次
信用证号(L/C NO.)　　　　　　　　　　　　　　POLICY NO.
被保险人：
Insured:
中国人民保险公司(以下简称本公司)根据被保险人的要求，由保险人向本公司缴付约定的保险费，按照本保险单承保险别和背面所载条款与下列特款承保下述货物运输保险，特立本保险单。
THIS POLICY OF INSURANCE WITNESSES THAT THE PEOPLE'S INSURANCE COMPANY OF CHINA (HEREINAFTER CALLED "THE COMPANY")
AT THE REQUEST OF THE INSURED AND IN CONSIDERATION OF THE AGREED PREMIUM PAID TO THE COMPANY BY THE INSURED,
UNDERTAKES TO INSURE THE UNDERMENTIONED GOODS IN TRANSPORTATION SUBJECT TO THE CONDITIONS OF THIS POLICY AS
PER THE CLAUSES PRINTED OVERLEAP AND OTHER SPECIL CLAUSES ATTACHED HEREBON.

标　记 MARKS&NOS	包装及数量 QUANTITY	保险货物项目 DESCRIPTION OF GOODS	保险金额 AMOUNT INSURED

总保险金额
TOTAL AMOUNT INSURED:
保费：　　　　　　　　起运日期　　　　　　　　　装载运输工具：
PREMIUM:　AS ARRANGED　DATE OF COMMENCEMENT:　　PER CONVEYANCE:
自　　　　　　　　　　经　　　　　　　　　　　　至
FROM:　　　　　　　　VIA　　　　　　　　　　　TO
承保险别：
CONDITIONS:

所保货物，如发生保险单项下可能引起索赔的损失或损坏,应立即通知本公司下述代理人查勘。如有索赔,应向本公司提交保单正本(本保险单共有　份正本)及有关文件。如一份正本已用于索赔,其余正本自动失效。
IN THE EVENT OF LOSS OR DAMAGE WITCH MAY RESULT IN A CLAIM UNDER THIS POLICY, IMMEDIATE NOTICE MUST BE GIVEN TO THE
COMPANY'S AGENT AS MENTIONED HEREUNDER. CLAIMS,IF ANY,ONE OF THE ORIGINAL POLICY WHICH HAS BEEN ISSUED IN　　ORIGINAL(S)
TOGETHER WITH THE RELEVENT DOCUMENTS SHALL BE SURRENDERED TO THE COMPANY . IF ONE OF THE ORIGINAL POLICY HAS BEEN
ACCOMPLISHED. THE OTHERS TO BE VOID.

中国人民保险公司南京市分公司
The People's Insurance Company of China
Nanjing Branch

赔款偿付地点
CLAIM PAYABLE AT
出单日期
ISSUING DATE　　　　　　　　　　　　　　　　Authorized Signature

地址(ADD):　　　　　　　　　　　　　　　　电话(TEL):
邮编(POST CODE):　　　　　　　　　　　　　传真(FAX):

图 5-4　保险单样式

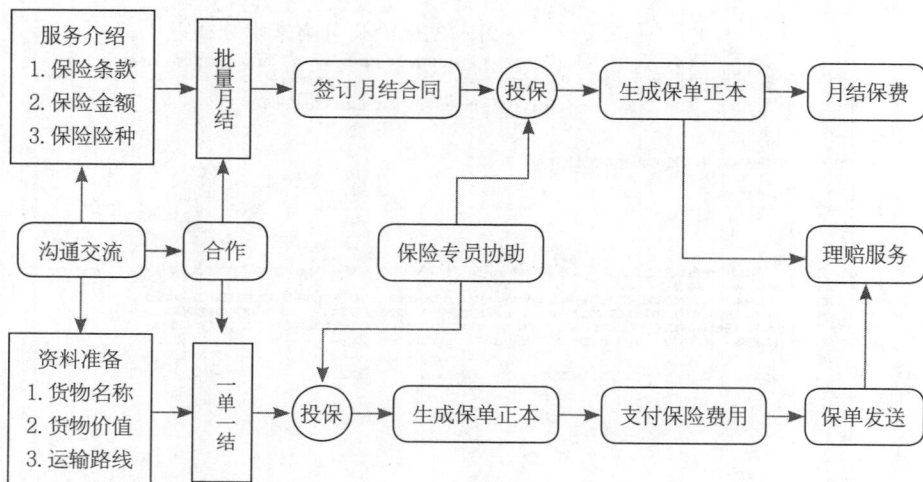

图 5-5　某保险公司进出口货物运输保险投保流程

实践中，一般进口货物多采用预约保险，而出口货物则在货物运往码头或车站之前办理投保。

5.3.4　出口货物运输保险的理赔

若出口货物在保险责任范围内发生了货损，就会涉及保险理赔的问题。货物发生货损后，投保人要通知保险公司或保险单指定的代理人对货物进行查勘，并采取合适的方法降低货物损失。保险公司通常会要求提供相关单证，常见的有以下几种：

①保险单正本。

②商业发票。

③运输单据（提单）。

④装箱单／磅码单。

⑤反映货损程度的照片或检验报告。

⑥残损、短量证明。

⑦保险公司要求的其他单证。

保险公司在收到赔偿请求后，会对保险责任做出核定，并通知被保险人。这里需要注意索赔的期限，根据国际保险市场的惯例，保险索赔的时效一般从保险事故发生之日起起算，最多不超过两年。

保险条款中也会写明赔偿的处理方式，投保人可查看具体的保险条款。关于保险的索赔，也有一些注意事项需要投保人注意。签订保险单后，被保险人也有需要履行的义务，若未尽相关义务，保险人可能据此不承担有关保险责任，比如在某海洋运输货物保险条款中有以下规定：

被保险人应按照以下规定的应尽义务办理有关事项。

（一）当被保险货物运抵保险单所载明的目的港（地）以后，被保险人应及时提货，当发现被保险货物遭受任何损失，应即向保险单上所载明的检验、理赔代理人申请检验，如发现被保险货物整件短少或有明显残损痕迹应即向承运人、受托人或有关当局（海关、港务当局等）索取货损货差证明。如果货损货差是由于承运人、受托人或其他有关方面的责任所造成，应以书面方式向他们提出索赔，必要时还须取得延长时效的认证。如未履行上述规定义务，保险人对有关损失不负赔偿责任。

（二）对遭受承保责任内危险的货物，被保险人和保险人都可迅速采取合理的抢救措施，防止或减少货物的损失，被保险人采取此项措施，不应视为放弃委付的表示，保险人采取此项措施，也不得视为接受委付的表示。对由于被保险人未履行上述义务造成的扩大的损失，保险人不负赔偿责任。

上述条款明确了被保险人的四项义务，包括及时提货义务、申请检验货损义务、向承运人索取货损货差证明义务和减少损失的义务。除此之外，被保险人还有提供索赔单证、更正保险单内容和及时通知保险人的义务，按规定履行这些义务才不会影响理赔；否则，保险人有权拒绝赔偿有关损失。

货物运输保险一般为定值保险，如果货物在保险责任范围内发生全部损失，则赔偿全部保险金额，这里的全损有实际全损和推定全损之分。

实际全损： 指货物全部灭失或变质，不再具有商业价值。

推定全损： 指货物虽然没有达到实际全损，但实际全损已不可避免。或者恢复、修复受损货物以及运送货物到目的地的费用已超过货物价值。

当要求推定全损时，须由保险人核定，一般情况下，如果货物的损失超过了 80%，就可以考虑推定全损。

如果货物在保险责任范围内发生部分损失，则按照合理的计算方式来确定赔偿比例，主要有数量损失和质量损失两种计算方式。

◆ 数量损失的计算

在数量损失计算方式下，保险人需要确定损失比例。在保险货物中以部分灭失、损坏或短少的货物数量（重量）除以货物总量，得到损失比例，然后按保险金额计算赔款，计算公式如下：

保险赔款 = 保险金额 ×[损失数量（重量）/ 保险货物总数量（重量）]

◆ 质量损失的计算

在质量损失计算方式下，保险人需要确定质量损失价值。以货物完好价减去受损后价值，再除以货物完好价值，得到贬值率，然后按保险金额计算赔款，计算公式如下：

保险赔款 = 保险金额 × 贬值率

贬值率 =（货物完好价值 − 货物受损后价值）/ 货物完好价值

信息拓展 易破碎和易短量货物的赔偿

对于容易破碎和短量的货物，投保人应该了解保险条款中是否有免赔规定。一般来说，易破碎和易短量货物有两种赔偿方式，一是不论损失程度，一律对损失部分给予赔偿；二是规定一定的免赔率，即保险人可免赔一定比例的金额。

免赔率分为两种，相对免赔率和绝对免赔率。相对免赔率是指损失率只要达到保单规定的百分数，就不作任何扣除全部予以赔偿。在相对免赔率条件下，如果损失小于免赔率，不予赔偿；如果损失高于免赔率，按实际货损进行赔偿。比如规定的免赔率为 5%，货损在 5% 以内，不赔偿；货损超过 5%，假设为 20%，则赔偿 20%。

绝对免赔率是一个固定的免赔比率，指免赔一定比例的损失金额。在绝对免赔率条件下，如果损失低于免赔率，不予赔偿；若损失高于免赔率，对超过的部分给予赔偿。比如规定的免赔率为 3%，货损在 3% 以下，保险人不负责赔偿；若货损为 10%，则赔偿的比例为 7%，海上货运险多采用绝对免赔率。

部分货运保险则可能规定免赔额，即保险人不负责赔偿的额度，比如5 万元、10 万元等。在投保时，投保人要明确具体的免赔方式，避免理赔时出现麻烦。

5.4 货物装运环节注意事项

货物在交运环节也可能遇到各种问题，为减少问题的发生，跟单员在货物装箱、运输、投保过程中，都要做好跟单工作。下面就来看看货物交运环节的常见注意事项。

5.4.1 货物装箱要点

装箱是货物运输的一个重要环节，即将货物装入集装箱。在仓库将货物装入集装箱时，跟单员需要注意以下要点：

①装箱前检查集装箱的完整性，包括外部检查、内部检查和箱门检查，核对箱号，确保准确无误。

②装箱前对货物的批号进行分类，并清点好数量。如果货物属于危险物品，则要选择合适的装箱场所，比如易燃易爆品，要在避免日光照射、远离火源的地方装货。同时注意检查货物的封口情况，查看是否存在未封口或封口不牢固的情况。

③装箱前主动与装卸人员沟通装箱方案，让其对装箱方案有一个大致的了解。不要将装箱工作全权委托给装卸人员，装箱过程中做好监督工作是很有必要的。

④货物搬运过程中，如果是易碎品，跟单员需在人力装箱时提醒装卸人员轻拿轻放，防止货物摔落、碰撞等。一般来说，货物包装上都会有"平放""不可倒置"等装卸指示，货物搬运时应注意查看。

⑤装箱时尽可能将货物压紧压密，以让货物稳固紧凑，这样可以在一定程度上减少货物运输的货损率。

5.4.2　认真审核运单

运单是货物运输中的重要单据，不论选择何种运输工具，在办理货物托运后，跟单员都要对运单进行认真审核。下面以海运提单为例，来看看审核要点：

◆ 基本信息审核：对发货人、收货人、通知人、交货地、唛头、货物品名、数量、体积、装货港、卸货港、船名和运费等基本信息进行审核，确保基本信息无误。

◆ 信用证要求审核：结合信用证的要求对运单进行审核，注意信用证是否对提单有特殊要求，避免因单证不符遭拒付。

◆ 标点符号审核：一般情况下，海运提单都是英文书写的，在填写提单时可能会遗漏标点符号，如 CO.,LTD. 中可能会遗忘标点符号 "." ","，或者将 "TEL:" 书写为 "TEL,"。

◆ 英文拼写审核：提单中公司名称、地址等的拼写可能会比较长，注意是否存在遗漏或错误，比较容易出错的是单词拼写错误或缺少单词等。

◆ 数量和单位审核：阿拉伯数字要与英文的数字拼写相对应，提单中涉及的单位也要认真审核，比如将 55 箱错误地写为 "Fifty Cartons Only"。

5.4.3　外贸运输风险防范

出口货物在运输过程中可能会遇到各种不同的风险，以海上运输为例，主要有两大类风险，海上风险和外来风险。

（1）海上风险

海上风险是指货物在海上运输中因自然灾害、意外事故等发生的风险。如船舶在运输过程中碰撞、搁浅、触礁、倾覆、失踪等，导致货物损失，或者因海上的恶劣天气导致货物损坏与灭失。

需要注意，并不是所有的运输意外事故都属于海上风险，海上航行所特有的、可能发生的意外才属于海上风险。在海运保险中，意外事故主要是指运输工具遭受搁浅、触礁、沉没、互撞、与流冰或其他物体碰撞以及失火、爆炸等。

海上风险是不以人的意志而转移的，需要航运公司加强风险防范意识并做好安全措施。比如船舶公司要认真关注气象报告，提前做好航运评估；按要求做好货物平舱、系固、绑扎工作，避免货物发生移位，导致船舶侧倾、侧翻等。对于外贸企业来说，投保海运保险是在遭受海上风险带来的损失后获得经济补偿，减少风险损失的重要手段。

（2）外来风险

外来风险是指海洋风险以外的，因各种外部原因所引起的风险。主要分为一般外来风险和特殊外来风险两种。

一般外来风险：指货物在运输途中因短量、渗漏、偷窃、破碎、霉变、受潮、碰损等原因而带来的风险。

特殊外来风险：指因政治、军事、国家政策措施所带来的风险，如战争、罢工、扣留船舶等。

面对一般外来风险，投保人可以根据货物自身的特性选择合适的保险险别。针对特殊外来风险，外贸企业需要做好国际市场调查，了解各国和地区间的政治环境、新出台的政策或管控措施，以防范因特殊外来风险给出口货物带来损失。

除以上两种风险外，还有欺诈风险。欺诈风险主要是指因一方当事人故意隐瞒真实情况，或提供虚假信息所带来的风险，如提单欺诈、船舶欺诈和租船合同欺诈等。

提单欺诈是指利用倒签提单和预借提单等方式进行的海运欺诈，以及其他一些方式，比如承运人及其代理人或船长签发伪造提单。

倒签提单：是指提单的签发日期早于货物的实际装船日期。

预借提单：是指货物尚未全部装船或尚未开始装船就签发了提单。

倒签提单和预借提单这类提前签发的行为是有一定风险的，对托运人来说，倒签提单可能存在货物不能及时抵达目的港的风险；对于进口方来说，预借提单可能存在船到港后收不到货、货物有质量问题的风险。

船舶欺诈是指船东利用船舶进行的欺诈行为，此类船舶多为因船况或运费市场已没有营运效益的船，船东自身的可信度也很低，这类欺诈主要有沉船欺诈和"鬼船"欺诈两种。其中，"鬼船"欺诈是国际贸易中比较常见的一种欺诈方式，"鬼船"是指具有"影子"身份的船舶，其船东实际上是皮包公司。

租船合同欺诈是指利用租船合同进行的欺诈行为，有定期租船合同欺诈与航次租船合同欺诈。

定期租船合同欺诈的主要表现是行骗人在避税港注册皮包公司，然后以承租人身份与船东签订定期租船合同。行骗人在支付首期租金后，会以二船东身份将船舶以航程租用方式转租，在装运港满载货物，签发预付装船提单，待收到预付运费后宣布破产或逃之夭夭。

航次租船合同欺诈的主要表现是承租人根据航程预付了运费给船东，在货物转船运输后，船东又以各种理由要求更改支付条件或提高支付标准，若不接受该要求，船东会选择绕航或把货物卖掉。货主为避免遭受更大的损失，只得接受。

面对欺诈风险，外贸企业要加强风险意识，做好合作方资信的调查工作。在选择货代和船舶公司时，要选择资信良好的公司，同时加强货物装、卸的监督工作，货物装船时，跟单员可随同查看货物和船舶情况。在货物运输后，及时了解航运状态，若出现异常，如航程变更，则及时通知保险人，避免因未履行通知义务而被保险公司拒绝赔偿。

5.4.4 与客户商议保险事宜

在签订国际贸易合同时，跟单员就应注意合同中的保险条款。交涉保险条款时，应明确以下内容：

◆ 按什么保险条件进行投保。

◆ 保险条款的生效日期。

◆ 保险的险别以及由哪方负责投保。

◆ 投保的加成率，比如要加投短量险，则应明确增加的保费由谁承担。

如果客户主动询问订单保险事宜，跟单员要回函告知客户保险条款、索赔事宜等，示例邮件如下。

示例

Thank you for your letter of June 28, in which you inquired about the insurance of your Order No. 235.

Generally speaking, if goods are sold on CIF basis, we insure goods against ALL Risks for 110% of the invoice value. Should the buyer require broader coverage, the extra premium is for buyer's account.

We would like to inform you that there are three kinds of basic insurance coverage under the Ocean Marine Cargo Clauses of the People's Insurance Company of China: F.P.A.(Free from Particular Average), W.P.A.(With Particular Average), and A/R(All Risks). A/R is the broadest form of coverage.

Should the damage be incurred, you may, within 60 days after the arrival of the consignment, file a claim with the insurance company. In case of the claim, the insured is required to submit the following documents.

1.Original Policy or Certificate of Insurance

2.Original or copy of B/L

3.Packing List and Invoice

4.Certificate of Loss/Damage, or Short-landed Memo, and Survey Report

5.Statement of Claims

Please feel free to contact us if you have any further questions.

感谢贵方 6 月 28 日的来信，询问关于 235 号订单的保险事宜。

一般来说，货物按 CIF 价格出售，我们按发票金额的 110% 投保一切险。如买方需要更广泛的覆盖范围，额外的保费由买方负担。

我们希望告知贵方，中国人民保险公司制定的海洋运输货物保险条款，包括 3 个基本险别：F.P.A.（平安险）、W.P.A.（水渍险）和 A/R（一切险）。A/R 是覆盖最广泛的险别。

如果发生损失，贵方可以在收到货物 60 天内向保险公司提出索赔。进行索赔时，被保险人应提交下列文件。

1. 保险单或保险凭证正本

2. 提单正本或副本

3. 装箱单和发票

4. 丢失／损坏证书或货差证明，调查报告

5. 索赔声明

如果贵方有任何问题，请随时与我们联系。

在货物交运环节，如果发现有关保险的问题，跟单员要及时发函告知客户，并得到客户的确认，避免双方产生误解。

第6章

货物顺利通关的业务跟进

商品检验和报关是国际贸易不可缺少的环节，完成这两个环节后，出口货物才能顺利放行，若该过程中产生了问题，则可能导致交易无法进行。那么商品检验和报关需要完成哪些手续呢？在该环节中要准备哪些资料呢？本章就一起来看看商品检验和报关跟单的要点。

IMPORT

EXPORT

6.1　出口货物报检知识

进出口货物商品检验简称为商检，我国《中华人民共和国进出口商品检验法》（简称商检法）明确规定，必须经商检机构检验的出口商品，应当在商检机构规定的地点和期限内，向商检机构报检。在国际贸易中，检验证单有时也会作为议付单据之一。

6.1.1　哪些出口货物需要做商检

并不是所有的出口货物都需要进行商检，需要检验的货物主要可分为以下四类：

①我国法律法规规定需要进行法定出口检验的商品。

②进口国或地区要求进行法定检验的商品。

③有关国际条约规定须进行检验的商品。

④与客户订立国际贸易合同时，双方约定进行检验的商品。

对于我国要求法定检验的出口商品，如果商品未经检验或者经检验不合格的，将不准出口。我国必须实施检验的进出口商品目录（以下简称目录）由国家商检部门制定和调整，列入目录的进出口商品，由商检机构实施检验。需要注意，该目录也会进行调整，跟单员需要了解最新的检验要求。

比如根据海关总署公告 2021 年第 81 号（关于调整必须实施检验的进出口商品目录的公告），就对涉及出口化肥的 29 个 10 位海关商品编号增设海关监管条件"B"，即实施出口商品检验。在《必须实施检验的进出口商品目录调整表》中可以看到监管条件，如 B、A/B。前面介绍过监管条件 B 代表出境货物通关单，即需要进行出口检验。因此，跟单员还可通过查询商品的 HS 编码来了解其是否需要进行出口检验。在查看 HS 编码时还可以看到海关检验检疫代码，如图 6-1 所示。

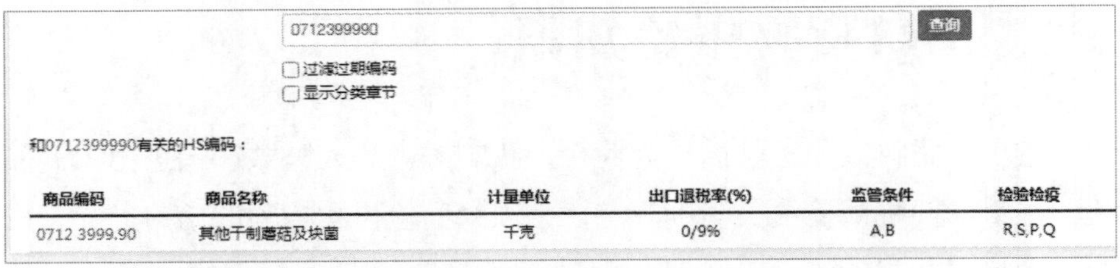

图 6-1　查询 HS 编码

从图 6-1 可以看出，其他干制蘑菇及块菌的检验检疫代码为 R、S、P、Q，这些检验检疫代码具体代表什么呢？见表 6-1。

表 6-1　海关检验检疫代码

代码	含义
P	进境动植物、动植物产品检疫
Q	出境动植物、动植物产品检疫
V	代表入境卫生检疫
W	代表出境卫生检疫
M	进口商品检验
S	出口食品卫生监督检验
R	进口食品卫生监督检验
N	出口商品检验
L	民用商品入境验证

另外，根据我国《出入境特殊物品卫生检疫管理规定》，针对特殊物品，还需要进行卫生检疫，在出境前需获得海关签发的特殊物品卫生检疫审批单。特殊物品是指微生物、人体组织、生物制品、血液及其制品。此类物品属于海关严格检疫监管的对象，未经许可，不准出境、入境。

对于需要法定检验的出口商品，经出入境检验检疫机构检验或者经口岸出入境检验检疫机构查验不合格的，可以受出入境检验检疫机构的监督下进行技术处理，经重新检验合格的，方准出口；不能进行技术处理或者技术处理后重新检验仍不合格的，不准出口。对于法定检验以外的出口商品，若经出入境检验检疫机构抽查检验不合格的，同样按上述规定处理。

信息拓展 危险货物包装容器、出口运载工具的检验规定

根据我国《中华人民共和国进出口商品检验法》，危险货物包装容器、出口运载工具也需要按规定申请检验，具体规定如下：

第十七条　为出口危险货物生产包装容器的企业，必须申请商检机构进行包装容器的性能鉴定。生产出口危险货物的企业，必须申请商检机构进行包装容器的使用鉴定。使用未经鉴定合格的包装容器的危险货物，不准出口。

第十八条　对装运出口易腐烂变质食品的船舱和集装箱，承运人或者装箱单位必须在装货前申请检验。未经检验合格的，不准装运。

6.1.2　出口货物法定检验如何申办

要求法定检验的商品需要按照我国法律法规规定的检验标准进行检验，其他法定检验以外的商品则可以依照对外贸易合同约定的检验标准进行检验。法定检验的商品需要在商检机构规定的地点和期限内报检，报检的方式有两种：一是由外贸企业自行报检；二是找代理机构代为报检。

在办理报检时，相关人员需要向受理机构提出检验申请并提交有关材料，主要包括以下材料：

- ◆ 合同复印件，纸质或电子版 1 份。
- ◆ 发票复印件，纸质或电子版 1 份。
- ◆ 装箱清单复印件，纸质或电子版 1 份。
- ◆ 提（运）单复印件，纸质或电子版 1 份。
- ◆ 代理报关授权委托协议（盖章）原件，纸质或电子版 1 份。
- ◆ 出口货物厂检证明（盖章）原件，纸质或电子版 1 份。

提交材料后，海关工作人员会对申报资料进行审核，符合规范要求的予以受理，不符合要求的进行退单操作，并告知申请人补正。如图 6-2 所示为进出口商品报检的一般流程。

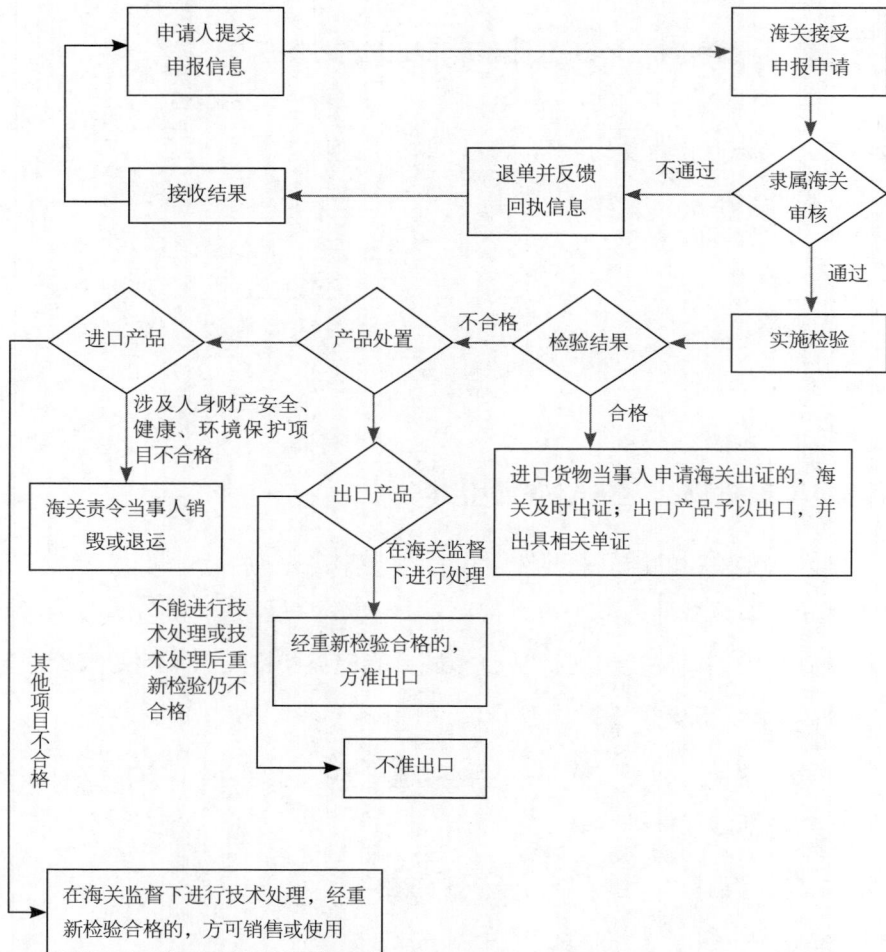

图 6-2 进出口商品报检的一般流程

报检人如果对检验结果有异议，可以向作出检验结果的主管海关或其上一级海关以及海关总署提出复验申请。需要注意，报检人对同一检验结果，只能向同一海关申请一次复检。

报检人提出复验申请时，需提交复验申请表及其他随附单证，图 6-3 为复验申请表。

复验申请表

发货人		商品名称	
收货人		规格/牌号	
生产企业		数（重）量	
贸易国家/地区		存放地点	
原受理海关		标记及唛头：	
原检验时间、地点			
原检验证书号			
原出证日期			
合同/信用证号			
申请复验项目：			
申请理由：			
随附单证：	1.原检验证书　2.合同　3.发票		
	4.提（运）单　5.装箱单　6.其他		
备注：			

图 6-3　复验申请表

复验申请要在自收到海关检验结果之日起 15 日内提出。在收到复验申请之日起 60 日内，海关会作出复验结论。若技术复杂，不能在规定期限内作出复验结论，会适当延长，但延长期限最多不超过 30 日。

进出口商品的报检可在网上办理，申请人可登录"互联网＋海关"网站，进入"我要办"页面，单击"商品检验"按钮，选择"进出口商品检验（合格评定）/进出口商品法定检验"选项进行办理，如图 6-4 所示。

图 6-4　在互联网＋海关申请商品检验

出口食品、动植物及其产品、其他检疫物的检验检疫也可以通过"互联网＋海关"一体化平台办理。

信息拓展 **什么情况下需要重新报检**

有下列情况之一的应重新报检：①超过检验检疫有效期限的；②变更输入国家或地区，并又有不同检验检疫要求的；③改换包装或重新拼装的；④已撤销报检的。

6.1.3　出口危险货物包装检验

如果外贸企业出口的是危险货物，那么根据规定还要申请商检机构进行包装容器的使用鉴定，包装容器经出入境检验检疫机构鉴定合格并取得性能鉴定证书的，才能用于包装危险货物。为出口危险货物生产包装容器的企业，必须向商检机构进行包装容器的性能鉴定。申请出口危险货物包装容器性能检验需要提交以下材料：

①出入境货物包装检验申请单原件。

②包装容器周期检测报告复印件。

③生产企业厂检合格单或者产品符合性声明原件。

④出口危险货物包装销售合同复印件。

申请人在填写出入境货物包装检验申请单时，应按要求正确填写，注意不要有涂改，图6-5为“出入境货物包装检验申请单”。

中华人民共和国出入境检验检疫
出入境货物包装检验申请单

日期：　　年　　月　　日　　　　*编号

申请人（加盖公章）	（单位）			联系人	
	（地址）			电话	
包装使用人			包装容器标记及批号		
包装容器名称及规格					
包装容器生产厂					
原材料名称及产地			包装质量许可证号		
申请项目（划“√”）	□ 危包性能　□危包使用　□ 一般包装性能　□ 食品包装　□				
数　量		包装容器编号			
生产日期		存放地点			
危包性能检验结果单号					
运输方式（划“√”）	□ 海运　□ 空运　□ 铁路　□ 公路　□				
拟装货物名称及形态			密　度		
拟装货物单件毛重		单件净重		联合国编号	
装运口岸		提供单据（划“√”）	□合同 □信用证 □厂检单 □		
装运日期		集装箱上箱次装货名称			
输往国家		合同、信用证等对包装的特殊要求		*检验费	
分证单位及数量				总金额（人民币元）	
				计费人	
				收费人	
申请人郑重声明：上列填写内容正确属实，并承担法律责任。签名：				领 取 证 单	
				时　间	
				签　名	

注：有“*”号栏由出入境检验检疫机关填写　　[1-3(2018.4.20)*2]

图6-5　出入境货物包装检验申请单

在“出入境货物包装检验申请单”中，申请人栏要填写报检单位的全称、地址、联系人和电话。包装使用人填写使用包装的企业名称，包装容器生产厂填写包装生产或制造企业的名称。申请项目则在对应的“□”内打"√"，生产日期、存放地点、装运口岸、装运日期、分证单位及数量（按实际需要填写）也是需要填写的。

从申请材料可以看出，申请人还需要提交生产企业厂检合格单或者产品符合性声明，如图6-6所示为出口危险货物包装生产企业符合性声明范本。

出口危险货物包装生产企业符合性声明

　　__（企业名称）__ 报检的 __（包装名称）__ ，报检数量共__件，包装危包标记为_____，拟采用_____运输方式装运危险货物出口，该批包装容器与提交的性能检验周期报告所列包装的设计型号一致，并经自我检验合格。

　　以上该批包装容器已严格按照标准要求进行生产检验，经自我检测符合联合国《关于危险货物运输的建议书 规章范本》及相关运输方式的国际技术规则要求。

　　上述内容真实无误，本企业对以上声明愿意承担相应的法律责任。特此声明。

　　　　法定代表人或其授权人（签字）：

　　　　企业（盖章）：

　　　　　　　　　　　年　　月　　日

图6-6　出口危险货物包装生产企业符合性声明范本

6.1.4　报检有时限，做好准备不耽误

出口商品的报检是有时限的，外贸企业在报检时应注意报检的时间规定。如果是委托报检公司或货代代为办理，则要提醒报检单位在规定时限内做好报检工作。

出境的商品最迟应于报关或装运前 7 天报检，个别检验检疫周期较长的货物，还应留出相应的检验检疫时间。出境的运输工具和人员应在出境前向口岸海关报检或申报。需隔离检疫的出境动物在出境前 60 天预报，隔离前 7 天报检。

为保证货物能够顺利装运出口，避免违约风险，申请人需在规定的期限内申请报检。如果由于工作疏忽，未报经检验合格就出口，则将面临处罚。《中华人民共和国进出口商品检验法》有以下相关规定：

第三十二条　违反本法规定，将必须经商检机构检验的进口商品未报经检验而擅自销售或者使用的，或者将必须经商检机构检验的出口商品未报经检验合格而擅自出口的，由商检机构没收违法所得，并处货值金额百分之五以上百分之二十以下的罚款；构成犯罪的，依法追究刑事责任。

除此之外，《中华人民共和国进出口商品检验法实施条例》还有以下相关规定：

第四十五条　进出口商品的收货人、发货人、代理报检企业或者出入境快件运营企业、报检人员不如实提供进出口商品的真实情况，取得出入境检验检疫机构的有关证单，或者对法定检验的进出口商品不予报检，逃避进出口商品检验的，由出入境检验检疫机构没收违法所得，并处商品货值金额 5% 以上 20% 以下罚款。

进出口商品的收货人或者发货人委托代理报检企业、出入境快件运营企业办理报检手续，未按照规定向代理报检企业、出入境快件运营企业提供所委托报检事项的真实情况，取得出入境检验检疫机构的有关证单的，对委托人依照前款规定予以处罚。

代理报检企业、出入境快件运营企业、报检人员对委托人所提供情况的真实性未进行合理审查或者因工作疏忽，导致骗取出入境检验检疫机构有关证单的结果的，由出入境检验检疫机构对代理报检企业、出入境快件运营企业处 2 万元以上 20 万元以下罚款。

因此，进出口企业及其代理报检企业不仅要按规定申请报检，还应保证提供的信息的真实性。

入境的商品应在入境前或入境时向入境口岸、指定的或到达站的海关办理报检手续。入境的运输工具及人员应在入境前或入境时申报。入境货物需对外索赔出证的，应在索赔有效期前不少于 20 天内向到货口岸或货物到达地的海关报检。输入微生物、人体组织、生物制品、血液及其制品或种畜、禽及其精液、胚胎、受精卵的，应当在入境前 30 天报检。输入其他动物的，应当在入境前 15 天报检。输入植物、种子、种苗及其他繁殖材料的，应当在入境前 7 天报检。

6.2 出口货物报关跟单

报关是指向海关申报办理进、出口手续，《中华人民共和国海关法》规定进口货物的收货人、出口货物的发货人应当向海关如实申报，交验进出口许可证件和有关单证。国家限制进出口的货物，没有进出口许可证件的，不予放行，具体处理办法由国务院规定。由此可见，进、出口商品都必须经过报关。另外，报关单也是外贸企业办理出口退税的基本凭证。

6.2.1 报关的具体流程是怎样的

按照报关的对象，可分为进出境运输工具报关、进出境货物报关和进出境物品报关。

◆ 进出境运输工具：进出境的运输工具也是需要报关的，进出境运输工具到达或者驶离设立海关的地点时，运输工具负责人应当向海关如实申报，交验单证，并接受海关监管和检查。停留在设立海关的地点的进出境运输工具，未经海关同意，不得擅自驶离。另外，上下进出境运输工具的人员携带物品的，也应当向海关如实申报，并接受海关检查。

◆ 进出境货物报关：货物的进出境要受到海关的监督，进口货物的收货人应当自运输工具申报进境之日起 14 日内向海关申报；出口货物的发货人除海关特准的以外，应当在货物运抵海关监管区后、装货的 24 小时以前向海关申报。

◆ 进出境物品：进出境物品是指个人携带进出境的行李物品、邮寄进出境的物品。进出境物品的所有人应当向海关如实申报，并接受海关查验。

外贸企业主要会涉及进出境货物报关。从上述内容可以看出，进出境货物报关是有时间规定的，未在期限内向海关申报，海关可以拒绝接受通关申报，这会影响进出口商品的运输以及单据的取得，外贸企业也可能因延迟装运而违约。

进出口货物的报关，按实施者的不同主要分为两种，一是自理报关；二是代理报关。

自理报关：指进出口货物的收发货人自行办理报关业务。并不是所有的企业都可以自行报关，外贸企业需取得进出口经营资格，并办理报关单位备案登记。报关单位备案登记可通过两种方式办理，一是登录中国国际贸易单一窗口，进入"标准版应用→企业资质"页面向海关提出申请；二是登录"互联网 + 海关"办理进出口货物收发货人备案。

代理报关：指委托具备报关资质的企业代为办理报关业务，这类企业被称为报关企业。根据代理报关法律行为责任承担者的不同，又可分为直接代理报关和间接代理报关。直接代理报关中，报关企业以委托人名义办理报关；间接代理报关中，报关企业接受委托人的委托，以报关企业自身的名义办理报关。

报关单位申请备案时需向海关提交《报关单位备案信息表》。进出口货物报关的一般流程如图 6-7 所示。

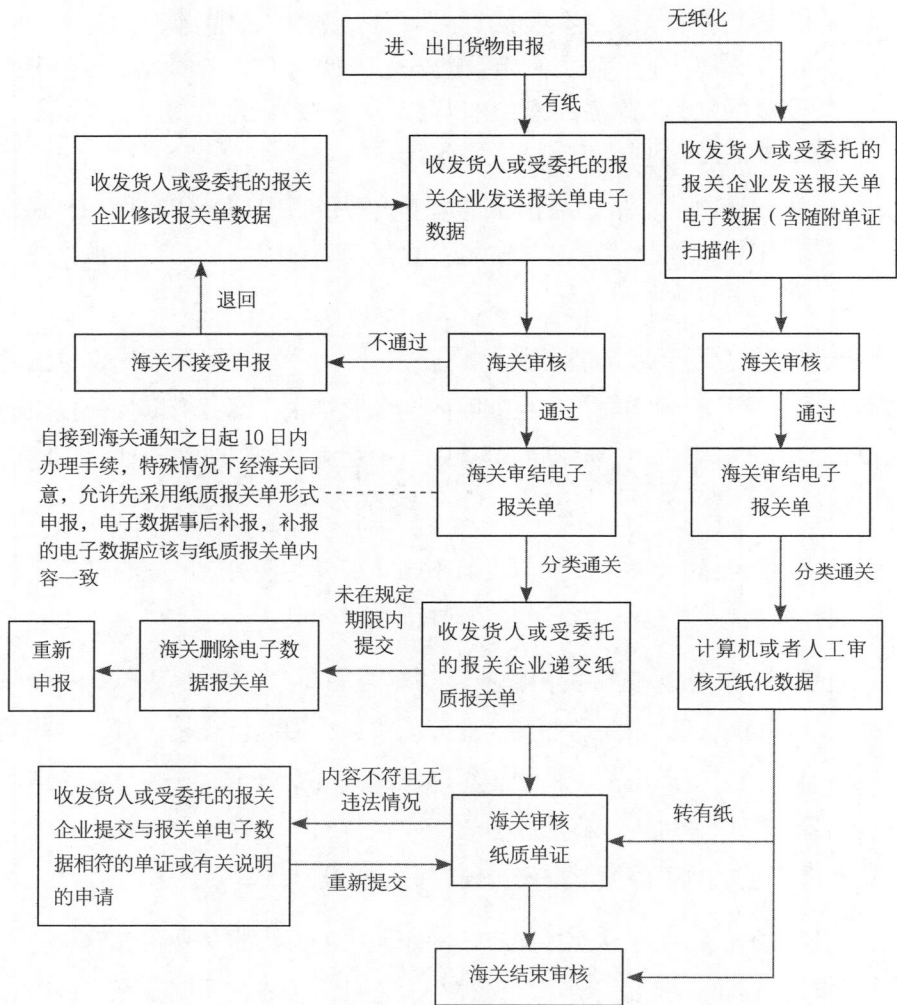

图 6-7　报关的一般流程

6.2.2　出口货物报关单填制规范

外贸企业在报关时需要传送报关单电子数据，报关单分为进口报关单和出口报关单。外贸企业自理申报的，报关单应由进出口货物收发货人签名盖章，并随附有关单证。委托报关企业代为申报或者以报关企业名义申报的，要向海关提交由委托人签署的授权委托书，并按照委托书的授权范围办理有关海关手续。报关单需按规范填写，图 6-8 为出口报关单参考。

中华人民共和国出口货物报关单

预录入编号：			海关编号：		
出口口岸		备案号		出口日期	申报日期
经营单位		运输方式	运输工具名称	提运单号	
发货单位		贸易方式	征免性质		结汇方式
许可证号	运抵国（地区）	指运港		境内货源地	
批准文号	成交方式	运费		保费	杂费
合同协议号	件数	包装种类		毛重（千克）	净重（千克）
集装箱号	附议单据			生产厂家	
标记唛码及备注					
项号　商品编号　商品名称、规格型号　数量及单位　最终目的国（地区）　单价　总价　币制　征免					
税费征收情况					
录入员　录入单位	兹声明以上申报无讹并承担法律责任		海关审批批注及放行日期（签章）		
			审单　　　　　审价		
报关员	申报单位（签章）		征税　　　　　统计		
单位地址					
邮编　　　电话　　　填制日期			查验　　　　　放行		

图 6-8　出口报关单参考

下面结合《海关进出口货物报关单填制规范》（海关总署公告〔2019〕18 号修订）来看看出口货物报关单填写的一些要点，见表 6-2（部分内容无须填写，如预录入编号和海关编号由系统生成，出口日期申报时免予填报）。

表6-2 报关单填写要点

栏次	填写要点
运输方式	根据货物实际进出境的运输方式或货物在境内流向的类别，按照海关规定的"运输方式代码表"选择填报相应的运输方式
运输工具名称	直接在进出境地或采用全国通关一体化通关模式办理报关手续的，水路运输填报船舶编号或船舶英文名称；公路运输分为两种情况，启用公路舱单前，填报该跨境运输车辆的国内行驶车牌号，启用公路舱单后，免予填报；铁路运输填报车厢编号或交接单号；航空运输填报航班号；邮件运输填报邮政包裹单号；其他运输填报具体运输方式名称
提运单号	填报货物提单或运单的编号。直接在进出境地或采用全国通关一体化通关模式办理报关手续的，水路运输填报出口提单号；公路运输在启用公路舱单前，免予填报，启用公路舱单后，填报进出口总运单号；铁路运输填报运单号；航空运输填报总运单号＋"_"＋分运单号，无分运单的填报总运单号
征免性质	根据实际情况按海关规定的"征免性质代码表"选择填报相应的征免性质简称及代码，持有海关核发的"征免税证明"的，按照"征免税证明"中批注的征免性质填报。一份报关单只允许填报一种征免性质
许可证号	填报出口许可证、两用物项和技术出口许可证、两用物项和技术出口许可证（定向）、纺织品临时出口许可证、出口许可证（加工贸易）、出口许可证（边境小额贸易）的编号
合同协议号	填报货物合同（包括协议或订单）编号，未发生商业性交易的免予填报
运抵国（地区）	填报出口货物离开我国关境直接运抵或者在运输中转国（地区）未发生任何商业性交易的情况下最后运抵的国家（地区）。不经过第三国（地区）转运的直接运输的货物，以出口货物的指运港所在国（地区）为运抵国（地区）。经过第三国（地区）转运的进出口货物，如在中转国（地区）发生商业性交易，则以中转国（地区）作为运抵国（地区），按海关规定的《国别（地区）代码表》选择填报相应的中文名称及代码
指运港	填报出口货物运往境外的最终目的港，最终目的港不可预知的，按尽可能预知的目的港填报

续表

栏次	填写要点
成交方式	根据货物实际成交价格条款，按海关规定的"成交方式代码表"选择填报相应的成交方式代码
运费	出口货物运至我国境内输出地点装载后的运输费用
保费	出口货物运至我国境内输出地点装载后的保险费用
杂费	填报成交价格以外的、按照《中华人民共和国进出口关税条例》相关规定应计入完税价格或应从完税价格中扣除的费用，可按杂费总价或杂费率两种方式之一填报
件数	填报货物运输包装的件数（按运输包装计），特殊情况下，舱单件数为集装箱的，填报集装箱个数；舱单件数为托盘的，填报托盘数
包装种类	填报货物的所有包装材料，包括运输包装和其他包装，按海关规定的"包装种类代码表"选择填报相应的包装种类名称及代码
毛重（千克）	填报货物及其包装材料的重量之和，计量单位为千克，不足一千克的精确到小数点后 2 位
净重（千克）	填报货物的毛重减去外包装材料后的重量，即货物本身的实际重量，计量单位为千克，不足一千克的精确到小数点后 2 位
项号	分两行填报，第一行填报报关单中的商品顺序编号；第二行填报备案序号，专用于加工贸易及保税、减免税等已备案、审批的货物，填报该项货物在《加工贸易手册》或《征免税证明》等备案、审批单证中的顺序编号
商品编号	填报由 10 位数字组成的商品编号，前 8 位为《中华人民共和国进出口税则》和《中华人民共和国海关统计商品目录》确定的编码，9、10 位为监管附加编号
商品名称及规格型号	分两行填报，第一行填报进出口货物规范的中文商品名称；第二行填报规格型号
数量及单位	分三行填报，第一行按货物的法定第一计量单位填报；凡列明有法定第二计量单位的，第二行按照法定第二计量单位填报，否则为空；第三行填报成交计量单位及数量

续表

栏次	填写要点
最终目的国 （地区）	填报已知的货物的最终实际消费、使用或进一步加工制造国家（地区）。 按海关规定的"国别（地区）代码表"选择填报相应的国家（地区）名称及 代码
征免	按照海关核发的《征免税证明》或有关政策规定，对报关单所列每项商品 选择海关规定的"征减免税方式代码表"中相应的征减免税方式填报

从上表可以看出，企业在填写报关单时会用到相关代码表。报关单位可进入"互联网＋海关"我要查页面，单击"通关参数"超链接，如图6-9所示。

图 6-9　进入我要查页面

在打开的页面中即可查看相关代码表，如计量单位代码表、成交方式代码表等，如图6-10所示。

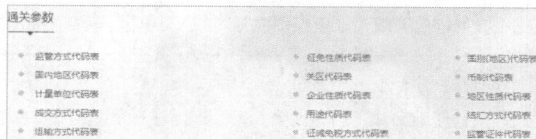

图 6-10　查看代码表

6.2.3　电子报关怎么申报

进出口货物的报关业务可以在网上办理，这种无纸化的报关方式大大提高了报关的效率，能节省海关和报关单位的时间。电子报关可通过两个渠道办理，一是"互联网＋海关"网站；二是中国国际贸易单一窗口，以中国国际贸易单一窗口为例，选择"业务应用/口岸执法申报"选项，进入"单一窗口"标准版页面，单击"货物申报"超链接，如图 6-11 所示。

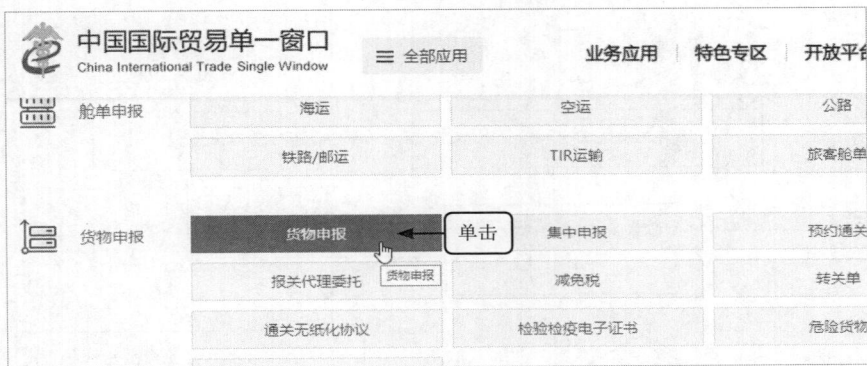

图 6-11　中国国际贸易单一窗口货物申报

　　在国际贸易单一窗口也可以进行报关代理委托，在图 6-11 中单击"报关代理委托"超链接，再按照操作提示发起委托申请即可。委托方（境内收发货人）发起委托申请后，需要由被委托方（报关企业）进行确认。

6.3　通关前的查验和征税

　　申报只是进出口货物通关的第一步，在规定的期限进行货物申报后，还要经过查验、征税、放行等手续。办结进出口货物的海关手续被称为通关或结关，结关放行是最终环节。

6.3.1　配合进行出口货物的查验

　　查验是指海关在接受申报后，依法对进出境货物进行实际核查的执法行为。海关查验货物时，进口货物的收货人、出口货物的发货人应当到场，并配合海关进行查验。货物查验的流程如图 6-12 所示。

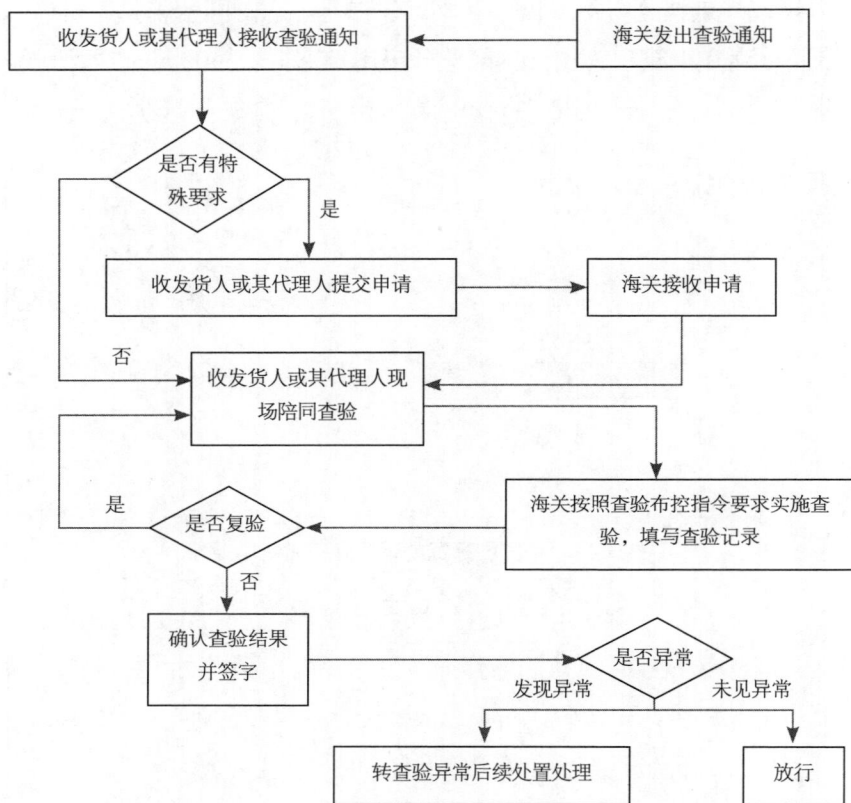

图 6-12　货物查验流程图

收发货人或代理人在办理货物申报后，就要关注报关单的状态，在收到查验通知后，或者发现货物被布控查验，就要按要求办理查验手续。查验的内容主要是核查货物申报的内容是否与真实情况相符，对商品的归类、价格、原产地等进行确定。货物查验时，相关人员要配合海关做以下工作：

◆　按照查验的要求搬移货物，开拆和重封货物的包装。

◆　对查验人员提出的问题应如实回答，并提供必要的资料。

从图 6-12 中的流程可以看出，货物可能会经过复验，那么什么情况下才会复验呢？具体有以下几种情形：

◆ 经初次查验未能查明货物的真实属性，需要对已查验货物的某些性状做进一步确认的。

◆ 货物涉嫌走私违规，需要重新查验的。

◆ 进出口货物收发货人对海关查验结论有异议，提出复验要求并经海关同意的。

◆ 其他海关认为必要的情形。

查验过程中，查验人员会根据查验情况填写查验记录并签名，在场的进出口货物收发货人或其代理人要签名确认。

信息拓展 优先安排查验的申请

部分货物的收发货人或其代理人可向海关申请优先安排查验，如以下几类：①危险品；②鲜活、易腐、易烂、易失效、易变质等不宜长期保存的货物；③其他因特殊情况需要紧急验收的货物。

6.3.2 打印税单并缴纳税费

货物通过查验后，海关会根据申报的货物计算税费，此时，相关人员可进入中国国际贸易单一窗口或"互联网＋海关"查看税费计算结果并打印税单，核实无误后再进行税费支付。扣税成功且符合放行条件的，即可办理放行手续。这里的税单是指"海关专用缴款书"，俗称为税单。

常见的进出口货物税费种类有增值税、消费税、关税、反倾销税和反补贴税等。这里主要介绍增值税、消费税和关税三种。

◆ 增值税：这是一种流转税，在我国境内销售货物或者提供加工、修理修配劳务以及进口货物的单位和个人为增值税的纳税人，应当缴纳增值税。

◆ 消费税：在我国境内生产、委托加工和进口消费品的单位和个人，以及国务院确定的销售消费品的其他单位和个人为消费税的纳税人，应当缴纳消费税。

◆ 关税：在我国，进口货物的收货人、出口货物的发货人、进出境物品的所有人都是关税的纳税义务人。进出口货物的纳税义务人应当自海关填发税款缴款书之日起15日内缴纳税款，逾期缴纳的，由海关征收滞纳金。

从上述三种税的介绍可以看出，它们主要都是针对进口货物，除不予退（免）税的商品外，出口商品一般都存在退（免）税优惠政策。进口环节中，增值税的计算公式如下：

计征进口环节增值税：应纳税额 =（完税价格 + 实征关税税额 + 实征消费税税额）× 增值税税率

消费税有从价计征和从量计征两种计算方式。从价计征是指以商品价格为标准来征收；从量计征是指以商品的重量、件数、容积、面积等为标准来征收，计算公式如下：

从价计征进口环节消费税：应纳税额 =［（完税价格 + 实征关税税额）/（1- 消费税税率）］× 消费税税率

从量计征进口环节消费税：应纳税额 = 货物数量 × 单位消费税税额

关税的征收方式主要有从价关税、从量关税、混合关税、选择关税和滑动关税等，这里重点介绍从价计征和从量计征，计算公式如下：

从价计征进口环节关税：应纳税额 = 完税价格 × 关税税率

从量计征进口环节关税：应纳税额 = 货物数量 × 单位关税税额

其中，进口关税有设置最惠国税率、协定税率、特惠税率、普通税率、关税配额税率等，对进口货物在一定期限内可以实行暂定税率。出口关税设置出口税率，对出口货物在一定期限内可以实行暂定税率。

从上述公式可以看出，应纳税额的计算都会涉及完税价格，那么完税价格是如何确定的呢？下面以出口货物为例，来看看完税价格的确定方式。

出口货物的完税价格由海关以该货物的成交价格为基础审查确定，并且应当包括货物运至我国境内输出地点装载前的运输及其相关费用、保险费。成交价格是指该货物出口销售时，卖方为出口该货物应当向买方直接收取和间接收取的价款总额。

其中，出口关税以及在货物价款中单独列明的货物运至我国境内输出地点装载后的运输及其相关费用、保险费，不计入出口货物的完税价格。在不能确定出口货物成交价格的情况下，海关会与纳税义务人进行价格磋商，依次以下列价格审查确定该货物的完税价格。

①同时或者大约同时向同一国家或者地区出口的相同货物的成交价格。

②同时或者大约同时向同一国家或者地区出口的类似货物的成交价格。

③根据境内生产相同或者类似货物的成本、利润和一般费用（包括直接费用和间接费用）、境内发生的运输及其相关费用、保险费计算所得的价格。

④按照合理方法估定的价格。

实践中，货物的成交价格以及有关费用可能并不是以人民币计价的，在以外币计价的情况下，按照货物适用税率之日中国人民银行公布的基准汇率折合为人民币计算完税价格。以基准汇率币种以外的外币计价的，按照国家有关规定套算为人民币计算完税价格。

信息拓展　进口完税价格的确定

进口货物的完税价格以货物的成交价格为基础审查确定，并且应当包括货物运抵我国境内输入地点起卸前的运输及其相关费用、保险费。在不能确定成交价格的情况下，依次以下列方法审查确定货物的完税价格：①相同货物成交价格估价方法；②类似货物成交价格估价方法；③倒扣价格估价方法；④其他合理方法。

6.4　报关通关业务问题处理

企业在办结通关手续的过程中也可能会遇到各种问题，下面就针对一些常见的问题进行解析。

6.4.1　什么情况下需要补充申报

海关在对申报的货物进行审核的过程中，有时会要求企业补充申报，主要有以下几种情形：

①在货物核查的过程中，为确定申报内容的完整性和准确性而要求补充申报，如货物的价格、商品编码。

②在货物核查过程中，为确定货物原产地准确性，要求企业提交原产地证书并进行补充申报。

③对已放行货物，为进一步核实价格、商品编码和原产地证，而要求补充申报。

补充申报的主要流程是海关发送补充申报电子口令→纳税义务人填写补充申报单→海关审核申报单材料是否齐全和是否符合规定→符合规定的做出征税决定。若提交的申报材料不齐全或不符合规定，申请人需要补正。

补充申报单包括进出口货物价格补充申报单、进出口货物归类补充申报单、进口货物原产地补充申报单以及海关行政法规和规章规定的其他补充申报单证。

6.4.2　报关单可以修改或撤销吗

相关人员在填写报关单的过程中，可能会因为失误而导致内容填写错误，或者因为某些原因需要撤销报关单。海关接受申报后，报关单证及其内容是不得修改或者撤销的，但如果符合以下情形，报关人可以向原接受申报的海关办理修改或者撤销手续，具体包括以下六种情形：

①出口货物放行后，由于装运、配载等原因造成原申报货物部分或者全部退关、变更运输工具的。

②进出口货物在装载、运输、存储过程中发生溢短装，或者由于不可抗力造成灭失、短损等，导致原申报数据与实际货物不符的。

③由于办理退补税、海关事务担保等其他海关手续而需要修改或者撤销报关单数据的。

④根据贸易惯例先行采用暂时价格成交、实际结算时按商检品质认定或者国际市场实际价格付款方式需要修改申报内容的。

⑤已申报进口货物办理直接退运手续，需要修改或者撤销原进口货物报关单的。

⑥由于计算机、网络系统等技术原因导致电子数据申报错误的。

当事人申请修改或者撤销报关单需要提交"进出口货物报关单修改／撤销表"，根据不同的情形还需要提交以下相关材料，表 6-3（表格中的序号分别对应以上六种情形对应的编号）。

表 6-3　申请修改或撤销报关单需要提交的材料

序号	材料
1	提交退关、变更运输工具证明材料
2	提交商检机构或者相关部门出具的证明材料
3	提交签注海关意见的相关材料
4	提交全面反映贸易实际状况的发票、合同、提单、装箱单等单证，并如实提供与货物买卖有关的支付凭证以及证明申报价格真实、准确的其他商业单证、书面资料和电子数据

序号	材料
5	提交"进口货物直接退运表"或者"责令进口货物直接退运通知书"
6	提交计算机、网络系统运行管理方出具的说明材料

由于报关人员操作或者书写失误造成申报内容需要修改或撤销的，要提交"进出口货物报关单修改／撤销表"和下列材料：

①可以证明进出口货物实际情况的合同、发票、装箱单、提运单或者载货清单等相关单证、证明文书。

②详细情况说明。

③其他证明材料。

当事人可登录"互联网＋海关"或中国国际贸易单一窗口填写报关单修改或撤销相关事项，并上传相关材料电子数据。

进出口货物报关单遵循修改优先原则，确实不能修改的，予以撤销。对于海关已经决定布控、查验以及涉嫌走私或者违反海关监管规定的进出口货物，当事人在办结相关手续前不得修改或撤销报关单及其电子数据。

6.4.3 为什么货物不能顺利通关

跟单员都希望货物能顺利通关，因为一旦通关不畅就会影响整个出口业务工作。出口货物无法通关的常见原因如下：

◆ 货物申报时，提交的相关单证不符合要求或者不齐全。

◆ 海关查验过程中发现货物数量、信息等实际情况与申报内容不符。

◆ 货物本身的原因，如不符合规范要求。

◆ 委托报关企业代为申报时，没有提前安排，双方沟通不到位，导致报关企业在填写申报信息时不完整或不规范。

根据以上几种情况，跟单员需要保证申请的报关单据齐全，正确填写报关单。委托报关企业报关，特别是异地装运时，一定要提前联系并沟通相关事宜，确保规范申报。

货物申报后，跟单员可以根据报关单号查询通关状态。以"互联网＋海关"为例，在"我要查"页面单击"通关流转状态"超链接，如图 6-13所示。

图 6-13　单击"通关流转状态"超链接

在打开的页面中输入报关单号和验证码，单击"查询"按钮进行查询，如图 6-14 所示。

图 6-14　通关流转状态查询

第7章

出口货物跟单的最后环节

○ ○ ○ ○ ○

货物在结关放行后就会运往目的地，此时结算就是重中之重。跟单员在该环节的主要工作是制单审单、办理结汇和出口退（免）税、对客户进行售后跟进。跟单员要重视跟单的最后工作，让贸易合同顺利履行完毕，并争取实现长期合作。

IMPORT

EXPORT

7.1　货物发运后的制单审单

制单审单是指在货物发运后，跟单员按照信用证或合同的要求缮制和审核单证，包括各类单据、文件和证书。单证工作实际上贯穿了贸易活动的全过程，在履行合同的过程中，单证是外贸结算的基本工具。

7.1.1　清楚单据缮制的基本要求

外贸单证主要用于货物交付、投保、商检和结算等工作，制单有四大基本要求，包括证同相符、单证相符、单单相符和单货相符。

◆　证同相符

这里的"证"是指信用证，"同"是指合同，即信用证与外贸合同要相符。信用证是以商业合同为依据而开立的，两者具有独一性，也具有统一性，确保信用证与合同一致也是避免纠纷的重要手段。

在正常的贸易活动中，信用证条款一般不会违背合同条款，但在实际的业务中，可能会出现信用证条款与合同条款不一致的情况。在这种情况下，最为妥善的解决方法是跟单员表示异议，让买方修改信用证。如果卖方没有就不符点表示异议，仍按照信用证要求进行货物装运，则意味着默认接受与合同不符的信用证。

实践中，外贸企业可能会因为各种原因接受与合同不符的信用证，这时外贸企业应做好风险防范措施，比如与买方达成补充协议。若信用证与合同存在不符，但合同履行并不会影响信用证条款的执行时，外贸企业可以通知客户不符点的情况，然后双方协商达成共识，按照既符合信用证，又符合合同的方式行事。总之，为避免日后陷入纠纷中，跟单员仔细审核合同与信用证的不符点，确保证同相符是很重要的。

◆　单证相符

单证相符是指单据与信用证要一致，企业在制作各种单据时，应做到正确、完整、及时和简明。交单前，应确保单据与信用证相符。

单证相符也是信用证的付款条件之一，银行在付款前会根据信用证惯例对结算相关的单据进行审查，审查的内容就是单据表面上是否与信用证相符，只有在二者完全相符时，银行才承担付款责任。在具体制作单据时，有以下两种情况：

①信用证没有修改：若信用证条款没有经过修改，则按照信用证条款制单，以确保提供的所有单据符合信用证要求。

②信用证有修改：若信用证在开证后进行了修改，则以修改后的信用证条款为依据制单，特别要注意补充修改的内容。

在出口贸易中，多种原因都可能造成单证不一致，从而让外贸企业处于不利地位。外贸跟单员在制单时就要严格遵守单证一致原则，把握以下几点：

①单据的制作是一项复杂的工作，跟单员需要与相关部门配合完成，并在每个业务环节落实单证一致原则，确保单据合格。

②制作的单据和信用证之间应没有文字上的冲突。

③确保单据的内容与信用证的规定严格一致。

◆ 单单相符

单单相符也是信用证付款的规则之一，是指各种单据之间需相互一致。银行在付款前除了会审核单证是否一致外，还会审查单单是否一致，只有在单据间表面上完全相符时，才承担付款责任。要做到单单一致，有以下要点需要制单员把握：

①在制作单据时，首先保证单证一致，然后再保证单单一致。

②对于重要的核心单据，要确保制作准确和完整，如商业发票、装箱单、提单等，这样更利于其他单据的制作。国际贸易中，很多出口单据都是以发票为基础缮制的，在填制其他单据时，所用措辞和用语最好和发票一致，原则是确保其他单据与核心单据没有矛盾之处。

③注意各种单据的签发日期，签发日期要符合逻辑性和国际惯例，具备合理性。比如提单日期一般不能迟于信用证装运期；装箱单应等于或迟于发票日期，不能早于发票日期等。

◆　单货相符

单货相符是指单据中所描述的货物应与实际的货物相一致。在信用证付款条件下，银行是凭单据付款的，并不负责审查货物的交付，但单货不符却会带来合同纠纷和违约风险。另外，在通关过程中，海关也会查验实际货物是否与单证一致，若不一致会影响结关放行。

信息拓展 外贸流程中涉及的主要单证有哪些

在外贸流程中，涉及的单证主要有五类，即资金单据、商业单据、货运单据、保险单据和其他单据，如商业发票、合同、信用证、海运提单、装箱单、装船通知、保险单、商检证、原产地证书、出口货物报关单和出口收汇核销单等。

7.1.2　货、证、船、款的制单程序

制单员在制作单据时应以合同为依据，以信用证付款的，要根据信用证条款来制作单据。信用证付款条件下，一般会规定对单据的要求，制单员要仔细查看单据条款，按要求制作单据。另外，还要注意单据的特殊要求，若信用证对单据没有特殊要求，则一般以原始资料和《跟单信用证统一惯例》等国际惯例为依据。缮制单据的一般程序如下：

（1）货

货是指货物，出口商要根据合同和信用证的规定备货，备货时注意审查货物的品名、数量、规格和花色等，确保货物与合同和信用证的要求一致，避免备货、装货和发货错误。

在跟单过程中，跟单员需要对货物进行审核，做好交货检查工作，做

到货对、货全、货实和货整，这样才能保证验货、检验顺利。

（2）证

制单员要结合信用证缮制并配齐所有单据，做到认真不马虎、完整不遗漏、准确无差错。如下示例为某信用证中关于单据的条款内容。

示例

Documents required:

（1）Commercial Invoice, one original and three copies.

（2）Multimodal Transport Document issued to the order of the ×× Importer Co. marked freight prepaid and notify ×× Custom House Broker Inc.

（3）Insurance Certificate covering the Institute Cargo Clauses and the Institute War and Strike Clauses for 110% of the invoice value blank endorsed.

（4）Certificate of Origin evidence goods to be of ×× Origin.

（5）Packing List.

所要求的单据：

（1）商业发票一份正本，三份副本。

（2）多式联运单据，做成××进口公司的指示抬头，注明运费预付并通知××通关经纪公司。

（3）保险单，按发票价值的110%投保协会货物A险，协会战争险、罢工险，空白背书。

（4）原产地证书，证明货物原产于××。

（5）装箱单。

跟单员需根据以上信用证条款，按要求配齐发票、运输单据、保险单、原产地证书和装箱单，避免有货但没有单证而影响收款。

（3）船

制单员在租船订舱环节也需要制作并提交给货代或船公司相关单据，比如货运委托书、报关委托书、装箱单、发票和订舱单等。以上相关单据需要提前缮制好，避免有货无船或有货无单据，影响货物的装运，导致货物运输延期。

（4）款

货物装运后，外贸企业可依据单据申请议付，即交单结汇。如果单证齐全，并且单证一致、单单一致，银行就会付款，反之可能会遭到拒付。一般来说，银行不会无理由拒付，拒付的应对方法将在后面进行详细介绍。

7.1.3　审核确保单证的准确性

审单就是对单证进行审核，国际贸易涉及的单证有很多，不同的单证作用也不同。下面以主要结汇单据为例，来看看这些单据审核的要点。

（1）商业发票

商业发票是卖方填制并开立给买方的商业单据，基本内容有买卖双方名称和地址、货物名称、数量、规格等，图 7-1 为商业发票一般样式。

Issuer			商业发票 COMMERCIAL INVOICE		
To					
			No.		Date
Transport Details			S/C No.		L/C No.
			Ierms of Payment		
Marks and Numbers	Number and kind of package, Description of goods		Quantity	Unit Price	Amount
	Total:			USD	
Say total:					
we hereby certify that the contents of invoice herein are true and correct.					
				× × × Trading Company	

图 7-1　商业发票一般样式

相关人员在审核商业发票时，主要结合信用证来审查，审核抬头人（一般是进口商的名称和地址）、商品描述、数量、单价、交货条件、正副本份数等是否与信用证一致。有些客户会要求在发票中加列船名、原产地、许可证号等信息，相关人员不能遗漏信用证所要求和证明的内容。

发票的金额不能超过信用证规定的最高金额，正式的发票应有发票人（卖方）的签章，签章公司名称要与信用证受益人一致。

（2）汇票

汇票按照跟单与否分为光票和跟单汇票，国际贸易中使用较多的是跟单汇票，属于商业汇票的一种，也是付款的凭证之一。跟单汇票的特点是要附带商业发票、提单、装箱单、保险单等单据，主要包含汇票编号、签发的日期、签发地点、收款人、汇票金额和出票人等内容。汇票的审核要点如下所示。

◆ 出票日期应为日期格式，该日期不能早于合同日期。

◆ 注意查看汇票是否注明付款期限，是即期还是远期。

◆ 付款人应填写正确，在信用证下，按信用证要求填写，通常为进口地开证银行。《UCP600》亦规定信用证不得开成凭以申请人为付款人的汇票兑用，也就是说申请人不能是汇票的付款人。受款人一般为出口地银行或买方，在信用证方式下，通常为议付行。

◆ 审查汇票是否申明出票依据，在信用证方式下出具汇票，要填写开证行、信用证号码及开证日期。

◆ 汇票金额应正确，且不得涂改，大小写金额应一致。该金额不得超过信用证金额，应与发票金额一致，除非信用证中另有规定。

（3）装箱单

装箱单是发票的补充单据，前面介绍过装箱单的主要内容，这里就不再赘述。跟单员需要审核装箱单是否准确无误，包括装箱单是否与发票一致、包装方式是否一一列明、货物的数量和尺码是否小计吻合等。信用证对装箱单有特殊条款要求的,应注意审核是否已按要求照办。

与装箱单类似的结汇单据还有重量单和尺码单,这两种单据同样起到补充作用。若结汇单据包含重量单和尺码单,则要审查重量单中的货物毛重、净重,以及尺码单中的尺寸、规格是否正确无误。

7.2　提交单据并办理结汇

全部单据准备齐全并审核无误后,外贸企业就可以将单据提交给银行,申请议付、承兑或付款。我国出口业务中,多使用议付信用证,付款信用证和承兑信用证较少使用。

7.2.1　如何保证交单顺利

议付信用证是包含议付条款的信用证,有三种结汇方式,收妥结汇、定期结汇和买单结汇。收妥结汇又称为收妥付款,结汇流程如图 7-2 所示。

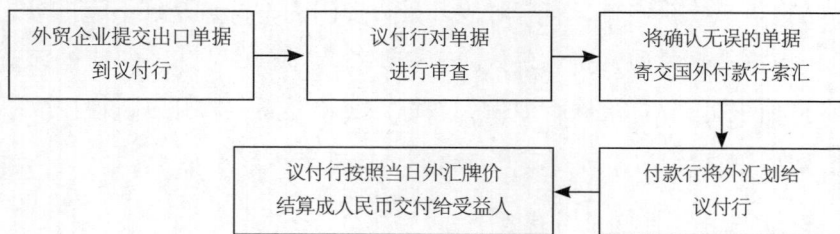

图 7-2　收妥结汇流程

定期结汇与收妥结汇不同的是,定期结汇下议付行在收到外贸企业提交的单据并审核无误后,会根据银行办理各项手续所需的合理时间预先确定一个固定的结汇期限,到期自动将外汇结付给企业。

买单结汇的特点体现在"买"字上。议付行对外贸企业提交的单证进行审核，在确认无误的情况下，会按信用证条款买入受益人（出口方）的汇票和单据，参照票面金额扣除从议付日到估计收到票款之日的利息，将款项折算成人民币交付给受益人，然后向开证行寄单索汇。这里的单据将作为质押进行审核，因此又称为出口押汇。

从上述三种结汇方式可以看出，无论哪种方式都会涉及交单，因此顺利交单是很重要的。要做到顺利交单，需要注意以下几点：

◆ 交单前审核单据的种类和份数，确保与信用证的规定一致。

◆ 交单前审核单据的内容，无误后再交单。

◆ 应在信用证规定的交单期和有效期内交单。

7.2.2　单据被拒付了如何应对

在结汇环节，企业可能会遇到单据被拒付的情况，面对拒付应该如何处理呢？银行拒付的原因一般是单证不一致，外贸企业可以采用以下方法应对。

◆ 审核不符点

认真审核不符内容，有些时候开证行提出的不符点是经不起推敲的，因此，单据被拒付后，企业首先应审查不符点是否成立。不符点的审查要以国际惯例和国际标准银行惯例为依据，经审核后，若开证行提出的不符点不成立，可提出反驳并要求开证行履行付款义务。

◆ 判断拒付通知是否有效

根据国际惯例，不符点要在合理时间提出，并且拒付通知需符合要求。比如《UCP600》规定，拒付通知必须以电讯方式，如不可能，则以其他快捷方式，在不迟于自交单之翌日起第5个银行工作日结束前发出。拒付通知必须声明银行拒绝承付或议付；银行拒绝承付或者议付所依据的每一个不符点等；银行持有单据等候提示人进一步指示或退回单据等内容。

结合以上惯例，企业可以审查开证行提出不符点的前提是否已满足，包括提出不符点的时间是否恰当、是否以电讯方式发出、是否是一次性提出不符点、是否说明是持单等候还是退单等。

◆ 补寄替换单据

若确实存在不符点，外贸企业要查看单据处理指示，看处理指示中是否写明允许补寄替换单据。在允许的情况下，外贸企业可以补寄替换部分或全部单据，以改正不符点。但要注意，应在信用证规定的交单期内将改正后的单据提供给指定银行。

◆ 与开证申请人沟通

开证行拒付后，外贸企业还可以与开证申请人沟通，若开证申请人放弃不符点，那么开证行也会配合付款。要说服开证申请人接受不符点，还是要从货物本身入手，如果货物品质过关，价格也合理，开证申请人一般也会接受不符点。

如果货物存在一定程度的瑕疵，企业也可以考虑降价，或者承诺在后期合作中给予客户优惠，争取让客户接受单据。

◆ 退单退货

退单退货是企业不愿看到的，但如果不符点确实成立，与开证申请人沟通也不畅，那么就需要按退单退货来处理。退单退货必然会涉及货物运回的费用，外贸企业需权衡成本，若运费高于货值，那么不妨考虑另寻买主，或者采用其他减少损失的措施。

7.3 出口退（免）税和减免税

出口退（免）税是一种增强我国出口产品国际竞争力，激励商品出口的政策。对外贸企业来说，出口退（免）税能够提高商品利润，加速资金周转。

外贸企业在符合出口退（免）税的条件下，可以向主管机关申请办理出口退（免）税手续。

7.3.1　出口退（免）税的范围

并不是所有的出口货物都可以享受出口退（免）税政策，出口退税退还的是已征收的增值税和消费税，因此，办理退税的货物必须是增值税、消费税征收范围内的货物。

根据《财政部 国家税务总局关于出口货物劳务增值税和消费税政策的通知》（财税〔2012〕39 号），除适用增值税免税政策的出口货物劳务和适用增值税征税政策的出口货物劳务，下列出口货物劳务实行免征和退还增值税。

◆ 出口企业出口货物。

◆ 出口企业或其他单位视同出口货物。

◆ 出口企业对外提供加工修理修配劳务。

出口货物是指向海关报关后实际离境并销售给境外单位或个人的货物，分为自营出口货物和委托出口货物两类。

增值税退（免）税实行免抵退税和免退税办法，免抵退税是指相应的进项税额抵减应纳增值税额（不包括适用增值税即征即退、先征后退政策的应纳增值税额），未抵减完的部分予以退还；免退税是指免征增值税，相应的进项税额予以退还。

出口货物的退税率为其适用税率，退税率可进入国家税务总局官网查看，在"纳税服务"页面单击"出口退税率查询"超链接，在打开的页面中输入商品代码或商品名称，单击"提交"按钮，如图 7-3 所示。

商品代码：

商品名称：

非改良种用家牛　←──　①输入

②单击　──→　提交　　　重置

例如 商品名称:改良种用濒危野马，商品编码:0101210010

共 1 条 1 页 1/1 转到 □ 页 确定

商品编码	商品名称	计量单位	征税税率%	增值税退税率%
01022900	非改良种用家牛	千克／头	9	9.0

图 7-3　查询出口退税率

出口退税相关政策也可能调整，出口企业要了解现行的有关出口退税的政策，可进入国家税务总局，在页面底部单击"税收政策库"超链接，在法规库－进出口退税分类中查询。

7.3.2　首次办理出口退税的备案登记

出口企业首次向税务机关申报出口退（免）税，需要在税务机关办理出口退（免）税备案，需要提交"出口退（免）税备案表"及电子数据。

为避免备案不通过，企业在提交材料是应保证材料的真实性和合法性，提供的各项资料为复印件的，均需注明"与原件一致"并签章。在"出口退（免）税备案表"可以看到"退税开户银行账户"栏，该栏需从税务信息报告的银行账号中选择一个填报，图 7-4 为出口退（免）税备案表中需要备案企业填写的部分。

出口退（免）税备案表

以下信息由备案企业填写

统一社会信用代码/纳税人识别号：			
纳税人名称			
海关企业代码			
对外贸易经营者备案登记表编号			
企业类型	内资生产企业（ ）外商投资企业（ ）外贸企业（ ）其他单位（ ）		
退税开户银行			
退税开户银行账号			
办理退（免）税人员	姓名		电话	
	身份证号			
	姓名		电话	
	身份证号			
退（免）税计算方法	免抵退税（ ）免退税（ ）免税（ ）其他（ ）		
是否提供零税率应税服务	是（ ）否（ ）	提供零税率应税服务代码	
享受增值税优惠政策	先征后返（ ） 即征即退（ ） 超征免返还（ ） 其他（ ）		
出口退（免）税管理类型			
附送资料			
本表是根据国家税收法律法规及相关规定填报的，我单位确定它是真实的、可靠的、完整的。 经办人： 财务负责人： 法定代表人 （印 章） 年 月 日			

图 7-4 出口退（免）税备案表中需要备案企业填写的部分

出口企业如果符合以下条件，可以向税务机关申请无纸化退税申报。

①自愿申请开展出口退（免）税无纸化管理工作，且向主管税务机关承诺能够按规定将有关申报资料留存企业备查。

②出口退（免）税企业分类管理类别为一类、二类、三类。

③有税控数字签名证书或主管税务机关认可的其他数字签名证书。

④能够按规定报送经数字签名后的出口退（免）税全部申报资料的电子数据。

我国对出口退（免）税企业实行分类管理，出口企业管理的类别分为一类、二类、三类和四类，具体的评定标准可查看关于发布修订后的《出口退（免）税企业分类管理办法》的公告（国家税务总局公告 2016 年第 46 号）。

符合一类出口企业评定条件的纳税人，应于企业纳税信用级别评价结果确定的当月向主管税务机关报送相关资料，申请评定为一类出口企业。申请时需提交《出口退（免）税企业内部风险控制体系建设情况报告》，其中，申请评定为一类出口企业的生产企业需提交《生产型出口企业生产能力情况报告》；申请复评为一类出口企业的外贸企业需提交《出口退（免）税企业内部风险控制体系建设情况报告》；申请复评为一类出口企业的生产企业需提交《出口退（免）税企业内部风险控制体系建设情况报告》和《生产型出口企业生产能力情况报告》。

7.3.3　如何办理出口退（免）税申报

企业可通过办税服务厅（场所）、电子税务局办理出口退（免）税申报。根据《国家税务总局关于出口退（免）税申报有关问题的公告》（国家税务总局公告 2018 年第 16 号），出口企业和其他单位申报出口退（免）税时，不再进行退（免）税预申报。主管税务机关确认申报凭证的内容与对应的管理部门电子信息无误后，方可受理出口退（免）税申报。

前面介绍过，增值税退（免）税实行免抵退税和免退税办法，这两种退税办法的适用范围不同。免抵退税适用于生产企业；免退税适用于不具有生产能力的出口企业（称外贸企业），企业应根据自身实际选择进行免抵退税申报或免退税申报。

在办理出口退（免）税申报时，企业应注意申报的时限。实行免抵退税或免退税办法的出口企业出口货物劳务后，应在货物报关出口之日次月起至次年 4 月 30 日前的各增值税纳税申报期内收齐有关凭证，向主管税务机关申请办理免抵退税或免退税申报业务。对于出口货物劳务的出口日期，按照以下原则确定：

◆ 属于向海关报关出口的货物劳务，以出口货物报关单信息上注明的出口日期为准。

◆ 属于非报关出口销售的货物以出口发票或普通发票的开具时间为准。

◆ 属于保税区内出口企业或其他单位出口的货物以及经保税区出口

的货物，以货物离境时海关出具的出境货物备案清单上注明的出口日期为准。

出口货物劳务适用免抵退税办法的，可以在同一申报期内，既申报免抵退税又申请办理留抵退税。当期可申报免抵退税的出口销售额为零的，应办理免抵退税零申报。

信息拓展 **什么是增值税零税率应税服务免抵退税申报**

增值税零税率应税服务免抵退税申报是指实行免抵退税办法的出口企业向境外单位提供增值税零税率应税服务后，向主管税务机关申请办理免抵退税申报业务。

办理免抵退税或免退税申报时分别需要提交的材料见表7-1。

表 7-1　免抵退税或免退税申报

免抵退税申报所需材料	免退税申报所需材料
出口货物退（免）税申报电子数据	出口货物退（免）税申报电子数据
免抵退税申报汇总表	外贸企业出口退税进货明细申报表
生产企业出口货物劳务免抵退税申报明细表	外贸企业出口退税出口明细申报表
出口发票	增值税专用发票抵扣联或海关进口增值税专用缴款书

7.3.4　申请办理减免税审核确认

我国对进出口货物实行关税减免措施，关税减免是减征关税和免征关税的简称。减免税申请人可在货物申报进出口前通过"互联网＋海关"或国际贸易单一窗口申请办理减免税审核确认。申请时应向主管海关递交以下材料：

①进出口货物征免税申请表。

②申请主体法人资格文件。

③相关政策规定的享受进出口税收优惠政策资格的证明材料。

④进出口合同、发票以及相关货物的产品情况资料。

海关在收到申请后，会对申请人提交的资料进行审核，主要审核材料是否齐全、有效，填报是否规范。符合规定的，予以受理。受理申请后，海关还会审核申请人主体资格、投资项目和进出口货物相关情况，符合规定的，出具征税、减税或者免税的确认意见，制发"征免税确认通知书"。申请人可进入"互联网＋海关"或国际贸易单一窗口查询"征免税确认通知书"编号及电子信息。

7.4 出口货物客户售后跟进

开展国际贸易也需要处理客户的售后问题，跟单员不管是遇到合同争议、客户投诉还是其他问题，都应积极与客户沟通并采取合理的解决措施。

7.4.1 调查外贸客户是否满意

对客户的满意度进行调查，有助于外贸企业对商品品质、企业管理和物流服务等方面进行改进和优化，从而在竞争中不断提升自身实力。客户满意度调查的方法有多种，如问卷调查、电话调查、网站调查和内部访谈等。企业可根据需调查的内容来确定衡量指标，然后评估客户满意度。常见的衡量客户满意度的指标如下：

◆ 回头率：指客户再次购买企业产品的比率，可通过再次购买率指标来衡量，再次购买率＝再次购买的客户人数／购买客户总数。

- ◆ 投诉率：指客户购买企业产品后投诉的比率，投诉率＝投诉客户数／总客户数。投诉率越低，客户的满意度越高。

- ◆ 美誉度：指客户对企业或产品接纳或愿意推荐的程度，也能够反映企业口碑。美誉度越高，客户满意度越高。

- ◆ 退货率：指产品售出后被退回的比率，退货率＝总退货数／总订单数。退货率越低，客户满意度越高。

- ◆ 信赖度：指客户对企业的信赖程度，客户对企业的信赖度越高，越利于实现长期合作。

跟单员可以制作客户满意度调查表，通过邮件方式发送给客户，获得客户对于企业产品和服务的反馈，见表7-2。

表7-2　客户满意度调查表

To help us improve the works and products quality, we design this survey, please fill out it, your suggestion will be our power to move forth.（为了改进工作和提高产品质量，我们设计了这份调查问卷，请填写，您的建议将成为我们前进的动力。）			
Company Name		Country	
Product		Date	
Mobile		Invoice No.	
Survey Contents:			
1.How do you think of the cargos quality:（您认为货物质量如何） ☐ Good　　☐ Bad　　☐ Perfect　　☐ Suggestions:			
2.How do you think of the packing:（您认为包装如何） ☐ Good　　☐ Bad　　☐ Perfect　　☐ Suggestions:			
3.What do you think of our service:（您认为我们的服务如何） ☐ Good　　☐ Bad　　☐ Perfect　　☐ Suggestions:			
4.Is any item missing during the transportation:（运输过程中是否丢失任何物品） ☐ Yes　　☐ No			
Your other comments and suggestions:（您的其他意见和建议）			

7.4.2　合同争议和客户投诉处理

在开展对外贸易过程中，双方可能会因为合同的履行产生争议。导致合同争议的原因有多种，如外贸企业没有按时交货，货物品质、数量存在问题，双方对国际贸易惯例的理解不一致等，面对合同争议有以下处理方法：

◆ 协商解决：面对合同争议，企业首先应掌握争议的内容，本着友好协商精神进行妥善解决。

◆ 第三者调解解决：若协商不通，可通过邀请第三方介入，通过调解的方式解决争议。在国际贸易中，调解人可以是组织或个人，如仲裁机构、有关方面的专家，比如中国国际贸易促进委员会调解中心，就是权威的商事调解机构。

◆ 仲裁解决：仲裁也是解决纠纷的一种方式，与其他争议解决方式相比，仲裁具有当事人意思自治、一裁终局、具有保密性、裁决可以在国际上得到承认和执行的优点。

◆ 诉讼解决：若争议无法通过协商解决，合同中又没有订立仲裁条款，一方当事人可以采用司法诉讼的方式解决争议。

客户投诉是很多跟单员都可能遇到的问题，面对客户投诉，跟单员可以采用以下处理流程：

倾听客诉：认真倾听或查看外贸客户的投诉反馈，了解客户投诉的原因。

认真记录：根据客户的投诉记录下重点内容，如果有不清楚的地方，可以与客户取得联系，对不理解、不明确的地方进行询问。

提出解决方案：针对客户的投诉问题提出解决方案，如果己方确实存在过错，则真诚致歉。对于因产品质量、错发货、数量短缺等原因所引起的投诉，应主动给出对应的解决方案，并询问客户是否接受。如果不能解决，跟单员可向上级领导反馈，切勿轻易下承诺。